有元典文
Norifumi Arimoto
×
岡部大介
Daisuke Okabe

Re: デザインド・リアリティ［増補版］

集合的達成の心理学

北樹出版

Contents

Contents

Contents

Contents

DESIGNED REALITY 0

はじめに

本書を「誰として誰にむけて」書くのか、という設定は、執筆の舞台裏でのことだが、同時に本書の重要なテーマを含んでいる。なぜならこれから私たちは、誰かにむけて整えられた世界のことを描こうとしているからである。身の回りの世界が、誰かが誰かのためにデザインした世界であることを描こうとしている。

当たり前だが世界は複雑で、私たちはそのすべてを知ったり影響を与えたりはできない。それでも私たちが滞りなく生活をしている理由はなぜか。それは私たちがそのような「複雑な世界」を相手に暮らしていないからである。そのままでは複雑かも知れない世界を単純にする工夫をしているためである。

例えば私たちの耳に聞こえる音は無限にある。だが音楽家は音の周波数の無限の複雑さを取り扱っているのではない。例えばピアノの鍵盤は八八鍵であり、ドレミの音階からなっていて、リズムにも定型的なパターンがある。音楽とは、周波数と時間経過の無限の組み合わせに立ち向かうことではなく、文化的に洗練してきた体系にのっとって行う実践である。この体系は人間が作ってきたものであり、自然のもともとの構造ではまったくない。

世界には誰から見ても同じに見える客観的な姿、実体があると思われるかも知れない。地図や地球儀や宇宙からの写真に写る姿が実体であると。だがそれも誰かの誰かにむけての表現である。道具と工夫で作り上げられた「実体」である。例えば可聴範囲の周波数（音のこと）がそうであるように、世界の複雑さは荒々しく手に負えない。誰から見ても同じ客観的な実体があるとしても、それは誰からも知覚できない「単なる複雑さ」にすぎず、記憶も伝達も操作もできないものだろう。人間は荒々しく複雑な可聴範囲の音を手なずけて、「音楽」に洗練させ、そして記憶や伝達や操作が可能なようにしてきた。

人間は自分たち自身で作った世界を生きているということを示そうと思う。世界を手なずけ、操作可能にした上で、理解している様を描きたい。自分たちの知覚する世界が、そのまますぐそこにある、つまり客観的な実体だと思えるまで、特別な方法で主観をすりあわせ合っている人間の姿を描きたい。例えば、別れ際に「また来週」という時、時の流れが七日を単位で循環するサイクルであることが当然の前提となっている。しかし、日本に暦が持ち込まれたのが六世紀頃、それ以前にはなかった理解の仕方で、そうした理解を世界中で共有することで、今の私たちは世界を見ているのである。

私たち人間が、誰かとして誰かにむけてデザインした世界を生きる生き物であることを描こうとしている。空気のように当たり前で、外在的に確かにそこにあると思われる私たちの世界が、人間の絶えることのない生成と維持のプロセスのおかげでようやく保たれていることを明らかにしたい。そのことで人間と人間の世界をできるならば少し祝福してみたい。それはたとえれば母親に感謝するような、普段の生活の安定のおかげを改めて見直すというようなことに似ている。

この「誰として誰に」という問いは、学問の領域において往々にして問われることがない。研究者として、つまり「誰なのか」とあえて問われることのないそのことで超越的な視点から、かれら研究者の見いだした対象を、かれらの興味に従って、かれらの定めた客観性にそって、「誰か」に向けて描写する。そのプロセスの中で、「誰が誰に」という問は問われなくても問題にならなくなってしまう。客観的で価値中立的と思われるような視点が作られてしまう。しかし今私たちは、世界を与えられたものではなく、人間が自ら作りつつあるものとして記述すると宣言した。したがって本書の冒頭で、こうした記述が誰のためのものであるのかをまず示すことにする。

現実の成り立ち

私たちは、現実の世界の成り立ちに興味がある人を対象としている。世界の「あり方」ではなく、世界の「成り立ち方」である。世界の構造ではなく、それがどう作られつつあるのかという、現実の世界のメインテナンスに興味をもってもらえるように描こうと思う。大げさにいえば、現実の安定性を懐疑してみたい。

そもそも、人間は人間を疑い、世界を疑う生き物である。これほど自らの存在とその住まう世界に興味を示し、疑い、描こうとする生き物はいないだろう。子供の頃に、多分幼稚園かその頃に、自分の見ているものは他の皆の見ているものと同じなのか疑問に思ったことをまだ覚えている。なぜそう思ったかは思い出せないが、同じ公園を見て、同じ公園の風景がかれらの目にも同じように見えているのか、疑問に思った。

またある時は、私の見ている例えば「緑色」を、他の子供たちも同じように「緑色」として経験しているのか、疑問に思った。疑問といっても、答えはもう出ていた。つまり、他の子がそれを緑だと言い、緑として経験し、それで話が通じている以上、頭の中で同じモノを経験しているかしていないかは問題ではない、と子供心にもっと素朴な形で思った記憶がある。

時は流れ、中学生くらいの時分に、人間のものを見るメカニズムについての科学読み物を目にした。いわく人間はモノを見ているのではなく、モノの表面が反射する光を見ているのだ、と。つまり青く見える服は青色の光を反射する素材なのであり、私たちが見ているのはその服そのものというより、その服の表面が跳ね返す光だという説明だった。もちろんそれまでは、世界に配置されたモノそのものを見ていると思っていたのに、実は、その表面が跳ね返す光を見ているにすぎない、という理屈に魅せられた。安定した世界がぐらりと揺らぐような面白さだった。じゃあその光を跳ね返している個物とはいったい何なのだろう……、と思うと、現実世界の化けの皮が剥がれて、よそよそしくなるような感覚にとらわれたのを覚えている。

こうした私の子供時代の個人的な興味は、変わった子供の子供っぽい変わった興味であるというだけでなく、多くの子供に共通のことのように思う。多くの人が似たような問いを持ち、興味を感じたことがあるのではないだろうか。それは人間と世界についての素朴で、そして長い歴史をもった興味である。

現実は作られる

本書では、私たちにとっての確かで揺るぎない現実が、あるがままにただ与えられたものでなく、私たち自身の長い歴史をかけた文化的洗練で作られ、作り替えられつつあるものであることを示したい。この世界の成り立ちを、人間の側から示そうと思う。ここでいう成り立ちとは、道具を作ったり、制度を工夫したりといった外界の具体的な構築のことだけを指してはいない。私たちの考え方、感じ方、そしてひとびとの間でそうした認識を共有することも、同時に世界を成り立たせていると考える。

こうした世界の成り立ちの記述は、とりもなおさず、世界のデザインの可能性の表明でもある。自分たちで作った世界なのだから、自分たちで作り替えられるはずであり、そして実際、世界のあちこちでこの現実をデザインするプロセスは今も動いている。

例えば：

私たちの生まれもった目や指先の皮膚には、閉じた書物の特定の箇所を見分け、素早く開くのに十分な性能はない。もちろんどんなことにも熟達はありうる。しかし熟練を待たずとも、「ページの端を折る」工夫や「アンダーラインを引く」工夫、また「しおり」「付箋」という人工物を用いれば、誰でもその工夫を手にした途端に、憶えておきたい頁を特定することができるようになる。

こんな小さな工夫で、私たちは生まれもった知覚や記憶の限界を簡単に超えられる。記憶するには膨大すぎる情報を含む書物は、この単純な工夫によって、任意にアクセスできる情報源へと変化する。

このようにあるものに別の意味や役割や機能や見えを与えることを、私たちは**デザイン**ということばで表そうと思う。与えられた世界を生きるのではなく、自分たちのための意味や役割を与え、世界を任意に操作可能にしようとすることが人間の本性といっても良いだろう。

図１　ドッグイヤー

小さな子供から専門家まで、思いつきの工夫からビッグプロジェクトまで、数ヶ月で忘れ去られるものから、数百年を生き延びるものまで。赤茶けた大地の見知らぬ小さな村落で井戸を囲んで、または大都会の高層ビルの中、ワークステーションのモニタ画面に向き合いながら、こうして今もひとびとは世界をデザインし直している。

こうして、人間が自分たちの世界を自分たちで作ってきたことをあえて取り上げることを、私たちは不遜な人間中心の世界観だとは思っていない。こうでもしなければ人間は生き延びてこられなかった。集合的な活動のシステムの体系を作ることで、世界の荒々しい複雑さを手なずけることで、私たちは今やっと生き延びているともいえる。今周囲のぐるりを見回して、目に入るもの感じられるものすべての、ただそこにあるという感じが、当たり前に与えられたものではなく、私たち人間が築き上げ維持しつつあるものであることを味わい直すことが重要だと考えている。また子供たちにこのことを伝える責務も感じている。なぜ勉強するの、と問われたら、世界を維持しデザインする仕事を、一緒に受け持ってもらうためだと伝えていきたい。

DESIGNED REALITY I

社会文化的サイボーグ

私たちは何かをなす時に、徒手空拳ではない。外界の道具に頼っているし、頼るための道具、人工物を作ってきた。このことは、私たち人間の主体性、自律性が特別なものであることを示している。主体とは、行為をなす当のもの、を指すこととする。ここで例えば、書物の特定の頁を開く行為を〈付箋とともに〉行っている場合、主体とは何かという問題が生じてくる。付箋がない場合、この行為が同じように成り立たないのであれば、行為者だけでは「行為をなす当のもの」、つまり主体となりえないことになる。

私たちの行為は万事が人工物との不可分な一体化を前提としていると考えることができる。外界や道具に左右されずに頭の中だけで処理する自律した「主体」ではなく、外界や道具と不可分に一体化して行為するのが私たちの特徴だと考えてみよう。音楽を奏でながら、自律的に音楽を紡いでいるようで、指はピアノの鍵盤という人工物の上を行き来し、目は楽譜という記譜システムから情報を入力し、つまり音楽はいま・ここで演奏者が独りで産出しているものではない。演奏された音楽は、作曲家や楽典、楽器や楽器制作者や調律師、演奏者と技術、練習曲集、そういった一切の時間と空間を越えた集合体の一断面として私たちに届く。この意味で音楽家の主体性は文化歴史的なものだといえる。

だから演奏者は「社会文化的サイボーグ」である。サイボーグとは、人工的な器官と一体化することで、生まれつきの能力を超えた人間のことである。音楽に限らない。私たちは皮膚の外の世界の人工物と一体化し、知識・技能をインストールされてできあがったサイボーグだと考えられる。このサイボーグは社会文化の力を当て込んで設計されているので、社会文化から離れて自律はできないという特徴をもっている。暗闇でも移動する能力をもつが、例えばそれは懐中電灯と一体化している時だけという制約がある。電池が尽きても、電球が切れても、そもそも懐中電灯を持っていなければ、この能力は失われてしまう。

本書では主体をこんな風に社会的で文化的で歴史的、つまり集合的なものだと捉える。音楽はもちろん、こうして読み書きするための文字・言語も、社会に由来し、歴史的に文化の中で作られ維持され洗練されてきたものである。

心理学の系譜においては、主体の問題は繰り返し議論の俎上にのせられてきた。ただしそれは、個体の内側に閉じた主体を前提とした議論になっていたように思う。こうして、心理学が内的な主体の問題に関する見取り図を描いてくれたおかげで、かえってどうしてもそれだけでは説明できない事態が見えてきた。心理学の描く見取り図からははみ出て見える、社会文化的な集合体としての主体の姿である。

今からそうした主体性を一緒に見ていこう。

人工物と一緒に

例えば駅前の大手珈琲チェーンで。

首都圏のある店舗は全国に約七〇〇あるチェーン店の中でも日本で一、二を争う顧客数を誇っている。この規模の店では、最大時間あたり十七名の店員で約二五〇人の顧客の約三〇〇個の注文をこなしていく。通常メニューには四十品目あり、それに加えて「カスタマイズ」と呼ばれる客の好みのバリエーションが加わる。通常のドリンクに温度の変更（熱め、ぬるめ）、シロップの追加、使用されるミルクの変更（豆乳、無脂肪ミルク、低脂肪ミルク）が可能である。このカスタマイズは同時にいくつも組み合わされる場合もあり、従業員が受ける可能性のあるドリンクの種類は一〇〇種類以上にのぼる。こうした極端に複雑で極限的な作業を、熟練した職人ではなく時間単価の安いバイトを使い、限定された人数で効率よくこなさなくてはならない。熟練工を大量に雇っていてはコストがかさみ安価に珈琲を供給できなくなる。したがって限られた研修時間で最大の効率を発揮させる。これは現代の労働の形態の見本と考えて良い。

だからといって機械のように働いているわけではない。かえって、機械的なことはシステムにまかせて、人間は人間の得意なことをしている。そのことは、

地球上で唯一、組織立って道具を使う動物である人間の本質を示していると考えられる。行為遂行を、徒手空拳でなく、自らの作り出した人工物（道具）を最大限活用することで行うのである。こうしたことを学校と比較してみるのも興味深い。人工物を与えず自力で記憶させたり計算させたりと、かえって学校の方が時代に逆行し、人間の本質に背いているともいえる。

社会文化的珈琲メイカーズ

人工物とセットになって働いていることを、注文の記憶を例に紹介しよう。

多数の顧客に対して効率よく商品を提供することが求められるこうした珈琲店では、どうやら注文のすべてを長期記憶として頭の中に保持する能力は求められていない。長期記憶、短期記憶というのは心理学の用語で、実験的に示されたひとの記憶の構造である。短期記憶とは、最大約二十秒程度保持される記憶のことである。短期記憶が保持されている間に何度も復唱（リハーサル）することで、忘却されずに長期記憶に移行するとされる。例えば自宅の郵便番号は、何回ものリハーサルを経て長期記憶として保持されている。しかし郵便物を送る際に調べた友達の郵便番号については、封筒に転記するつかの間は短期記憶に記憶していても、通常はその後忘却される。この短期記憶可能な量には限界があり、それは７±２、つまりひとときに五項目から九項目の範囲とされる。わざわざ実験するまでもなく普段の経験で誰しも知っていることだが、こうした作業での私たちの記憶能力は実はたいしたことがない。

この店では一時間あたり三〇〇個の注文がくるのに、私たちの記憶はあまりに力不足である。そこで従業員たちは、短期記憶に人工物を組み合わせて顧客の注文をさばくことになる。つまり店員は自分の頭の中の記憶だけを頼るのではなく、頭の外の道具を頼ったいわば社会文化的サイボーグとして機能するのである。この珈琲店の従業員がどのような記憶方略を用いているかについて、森下（二〇〇八）の調査と実験を見てみよう（なお現在、この珈琲チェーン店では、注文内容はシールに印字される）。

珈琲店ではオーダーが入ると、レジを担当する従業員が、珈琲を作る担当に口頭で注文内容を伝える（「コールする」）。するとそれを受けた従業員は該当するサイズのカップを選択し、カップに注文内容を記入する（カップはホット用四種類、アイス用四種類の計八種類ある）。カップの側面には、図2に示した通りのチェックボックスが記載されている。

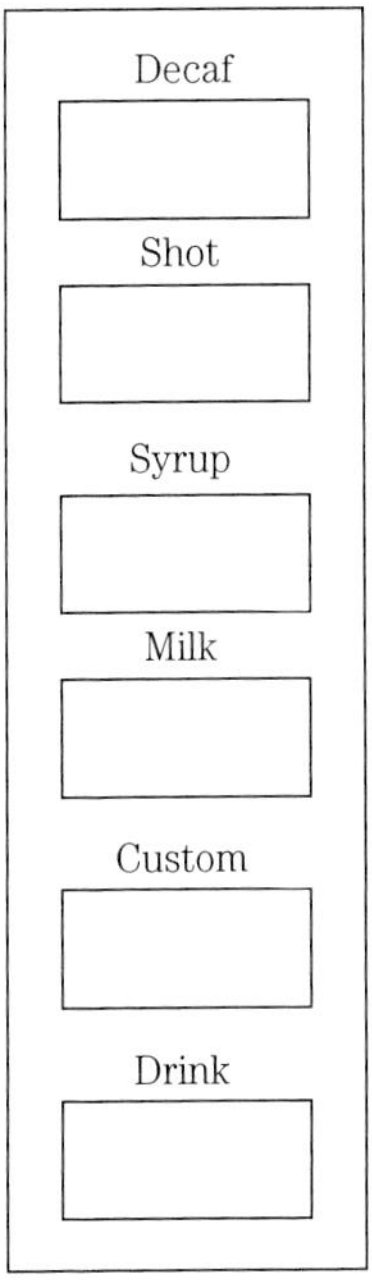

図2　珈琲カップに印刷されたチェックボックス

各ボックスに記入される記号の種類は、以下の通りである。

Decaf……カフェインレスかどうか

Shot ……ドリンク内に入るエス

プレッソの数（〝2〟は2ショット、〝3〟は3ショットを示す）
Syrup……追加するシロップの数（〝V〟はバニラ、〝H〟はヘーゼルナッツなど）
Milk………変更されたミルクの種類（〝N〟は無脂肪ミルク、〝S〟は豆乳など）
Custom…上記以外のレシピ変更（〝XH〟は熱め、〝LtH〟はぬるめ、〝XWC〟はホイップ多めなど）
Drink……作るドリンク（〝L〟はラテ、〝M〟はモカ、〝C〟はカプチーノなど）

例えば、「ショートソイラテ」を熱めに依頼された場合は、レジ担当者が「ショートソイ・エキストラホットラテ」（「ホットのショートサイズの豆乳で作る七七度に近い熱めのラテ」の意）という「コール」を作り手へと流すことになる。コールを受けた従業員は、ショートサイズのカップを8種類のカップから選び、「Milk」の欄に「S」（ミルクを豆乳へ変更）、「Custom」に「XH」（ミルクを普通よりも熱め）、「Drink」に「L」（ラテ）と即座にサインペンで記入する。これによって、繰り返し押し寄せるオーダーを人工物とチームワークによって協働的にさばいていくことが可能になる。

この時、従業員は長期記憶を用いているわけではない。短期記憶が消えてしまわないその間に、オーダーの内容をカップにチェックして外在化し、頭にかかる認知的負荷を軽減する。三〇〇オーダー／時間を超える大量の「記憶課題」をエラーなくこなす秘密は、こんな単純な工夫にあった。つまり人間は自分の頭で憶えておくことが苦手なので、かわりにカップに憶えさせ、社会文化的な注文記憶サイボーグになったのである。

従業員の記憶方略を示す簡単な実験をここで紹介したい。実験に協力したのは、上記珈琲店の従業員三名である。

協力者一：女性　十九歳　従業員歴十ヶ月

協力者二：女性　二二歳　従業員歴二年八ヶ月

協力者三：男性　二二歳　従業員歴一年十ヶ月

大学の心理学実験室で、珈琲店と類似した環境を設定した。実験に用いた珈琲カップは、実際に店舗で用いられているものと同じ六種類（ホット用、アイス用ともにサイズの異なる三種類）である。三名の実験協力者に以下の通り説明を行った。

「まず、目の前に並べてあるカップを見て下さい。半透明のアイス用のカップ三種類、透明でないホット用のカップ三種類の合計六種類のカップがあります。サイズはカップの下の紙に記入してあるようにそれぞれ左からS（Small）、T（Tall）、G（Grande）と並んでいます。これからあなたに、勤務先の珈琲店であるような注文を何回か行います。お店にいる時と同じように、目の前の六種類のカップ、ペンを自由に利用してもかまいませんので覚えて下さい。説明は以上です。」

実験では、実験協力者の勤務する珈琲店で実際に受けるようなオーダーを十回行った。オーダーの内容

1	アイス　グランデ　ラテ
2	ショート　ラテ
3	ショート　エキストラホット　ラテ
4	トール　アーモンド　ラテ
5	トール　アーモンド　ラテ
6	トール　ヘーゼルナッツ ソイ　エキストラホット　ラテ
7	アイス　トール　エキストラ　ミルク　ラテ
8	アイス　ダブル　ショート　ヘーゼルナッツ　ラテ
9	アイス　グランデ　ラテ
10	アイス トリプル トール ヘーゼルナッツ ツーパーセント ラテ

は上記の表の通りで、珈琲店でもっとも多くオーダーされるカフェラテを基本に、カスタマイズが加わらないものから数種加わった複雑なものというようにバリエーションを設定している。一見して分かる通り、複雑なカスタマイズを組み合わせたオーダーもあり、暗記するのはかなりむずかしい。

実験協力者たちはいつも通り、オーダーを聞くとすぐに、オーダーされた順番を示すIDや、細かいカスタマイズの情報をカップ側面に記載し始めた。連続した十個のドリンクのオーダーを終えた時点で、三名の従業員には、カップを置いて別の部屋に移動してもらった。ここで、ひとつ目の実験として手元にカップのない状態で以下の質問を行った。つまり素の記憶を試したのである。

実験1：オーダーされたドリンク名を十個、順番通りに答えてください（記入したカップを見せない条件）。

この実験1は、心理学の記憶実験で用いられる方法をなぞっている。道具に頼らず、店員の頭の中でどのように記憶が保持されるかを調べるものである。通常の記憶実験では、このように複数の記憶すべきアイテムのリストが与えられた場合、最初の二〜三個は実験中に頭の中で繰り返しリハーサルされ、「長期記憶」へと転送されると考える。つまり時間の経過とともに忘れ去られてしまう短期記憶から、長期保存可能な記憶へと転送され、後に再生されるわけである。またリストの終盤に近いものも再生される。これは再生時にまだ短期記憶に保持されて残っているからだと説明されている。結局こうしたリストの記憶の実験では、頭とおしりを除いた中程はごっそりと忘れてしまうものである（図3参照）。

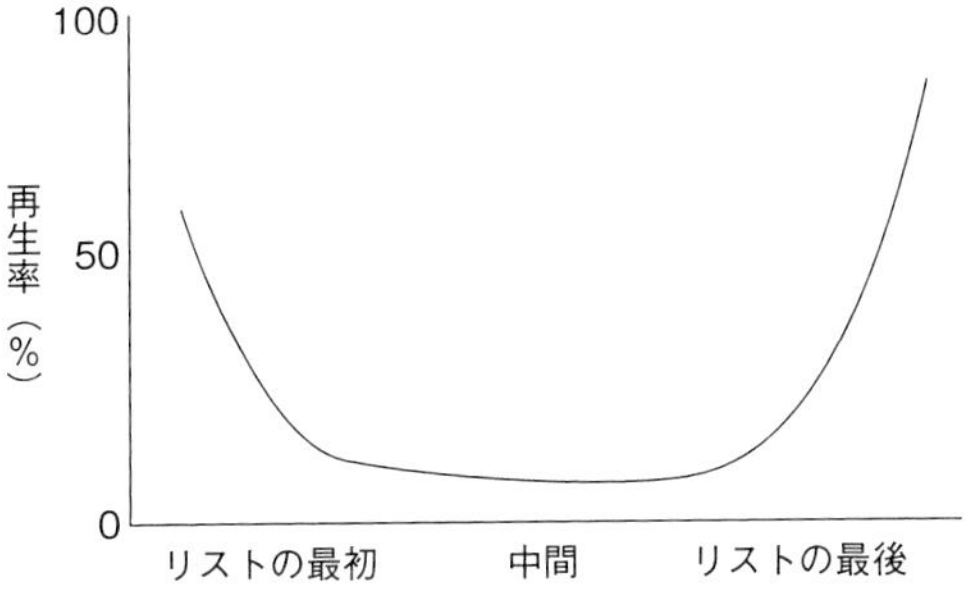

図3　系列位置効果：リスト上の位置と再生率の関係

この実験1でも同様の結果が出ている。以下の表1は、各実験協力者が実験1で回答した際の結果である。順番・ドリンク名ともに正答だったものには「〇」、順番は違うがドリンク名がオーダーの中にあるものは「△」、順番・ドリンク名ともに不正答な場合は「×」を記入した。

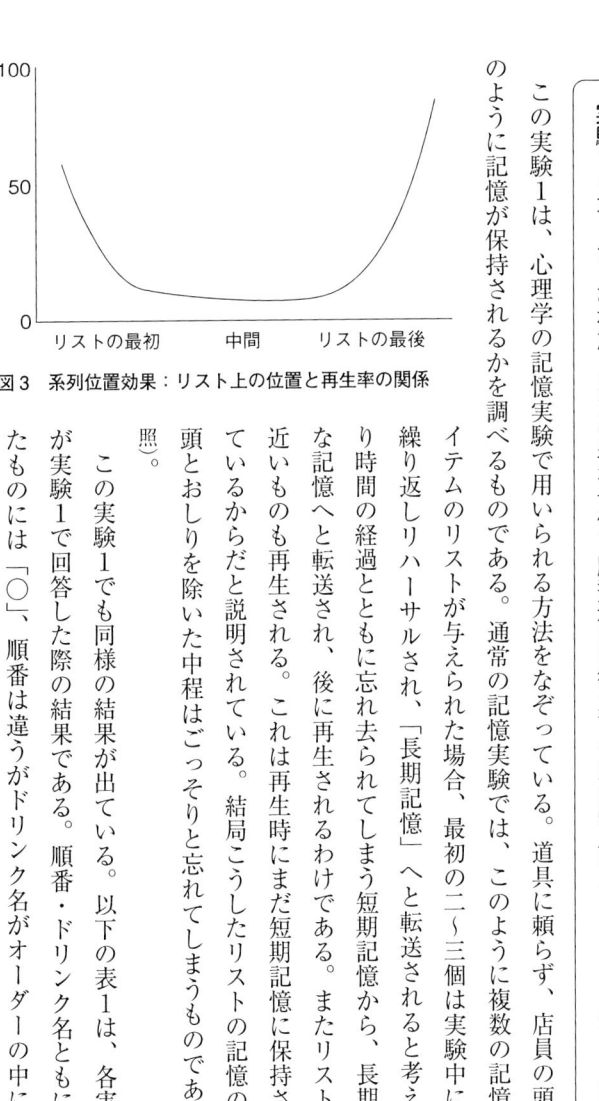

表1　実験1の回答

番号	オーダーされたドリンク名	協力者1	協力者2	協力者3
1	アイス　グランデ　ラテ	○	○	×
2	ショート　ラテ	○	×	○
3	ショート　エキストラホット　ラテ	×	○	○
4	トール　アーモンド　ラテ	△	×	×
5	トール　アーモンド　ラテ	×	×	×
6	トール　ヘーゼルナッツ ソイ エキストラホット　ラテ	×	×	×
7	アイス　トール　エキストラ　ミルク　ラテ	×	×	×
8	アイス　ダブル　ショート　ヘーゼルナッツ　ラテ	△	×	×
9	アイス　グランデ　ラテ	×	×	×
10	アイス トリプル トール　ヘーゼルナッツ ツーパーセント ラテ	○	×	×

オーダー番号1から3までは、それぞれ二名が再生している。だがオーダー番号4から9については誰も再生できた者はいなかった。再生できた者は、かろうじて長期記憶化されたリスト初頭の数個のオーダーと、短期記憶にまだ残っていた直前のオーダーのみである。この結果は、現実の珈琲店とはずいぶんと異なる結果である。なぜならオーダーの十中二〜三しか憶えていられないようでは商売は成り立たないからである。仕事場は記憶実験ではなく、リストのどの位置にあろうと一〇〇%想起できなくては成り立たないし、実際珈琲店のオーダー間違いはまれである。このことから、実験1の結果は、珈琲店の従業員が長期記憶に頼らず、何か他の手段でオーダーの記憶をこなしていることの例証だといえる。

珈琲店の従業員は、自分の脳の中に記憶すべき情報を保持しようとつとめているのではない。実際は、実験者によって提示されたオーダーをすばやくカップに記憶させ、外在化しようとしている。これは、続いて実施した実験2によって示される。実験2では、カップの置いてある部屋に戻り、以下の質問を行った。

実験2：「次にカップを見て、オーダーされたドリンク名をもう一度十個順番に答えてください。」

この実験2では、さっきまでとは打ってかわって三名ともがオーダーされたドリンク名をすべて順番通り正確に回答した。テーブルに順番に配置されたカップや、そのカップに記入されたIDやカスタマイズの情報は、実験協力者が外在化させた記憶の集積である。オーダーされた内容は頭の中ではなく、店員とカップという人工物の組み合わせの中に保持される。こんなことはばかばかしいほど当たり前だと思われるだろうか？　では逆に、なぜ記憶実験や学校では、わざわざ私たちの日常の当たり前の工夫を停止するのか考えてみてほしい。当たり前の工夫を停止することでいったい何を試しているのだろうか？

以上に示したのが私たちが日常当たり前に行う記憶の工夫である。このように、私たちは道具を用いながら、自分たちの得意なやり方を選択しているのである。それは遠慮なくためらうことなく、自分たちに足りないものを人工的に作り上げ、それと一体になって機能しようとすることである。

道具とセットの主体性

人間は社会的動物（social animal）とも呼ばれ、または「ホモ・ファーベル（homo faber）」＝「工作する人」とも表される。この人間の呼び名が示すように、人間と動物を分かつ一番の特徴は道具を用いることである。人は人の中に生まれ、道具を用いて環境と相互作用する。他者を前提としないような、道具使用を前提としないような、そんな社会文化から切り離された人間はいない。そのことは労働する時に特に顕著である。労働の形式の中に、人の特徴的な本質が見えてくる。

心理学は人の行為遂行能力を人の〈こころの中〉に探してきた。一方でロシアの心理学者ヴィゴツキー（一八九六―一九三四）をその遠い始祖とする状況的認知研究では、人の行為遂行能力を〈人と人工物のセット〉として捉えた。ヴィゴツキーは「行為者が対象を認める」という単純な図式「主体↓対象」（図4の底辺）を拡張した。確かに行為者の目から見れば「主体↓対象」が直接に知覚されている。しかしその背景には、その対象を対象として可視にする人工物がある（図4の主体↓媒介↓対象）。つまり対象がどう認識されるかは、利用可能な人工物によって決まってくる。

例えば横浜から新宿まで出かけることを考える。新宿は三十分程度の距離というように行為者（主体）の目には「見える」。この事例を図4に当てはめて見てみよう。横浜にいて新宿まで行くことを考えると、新宿までの距離や時間、金額、手間といった心像が直感されることだろう。図4左下の「主体」はこうして図右下の「対象」を認める。だがもし事故やストライキで電車がなかったら？　自転車で行くとしたら？　何らかの理由で徒歩で向かうとしたら？　新宿までの距離はどう「見える」だろうか。こうして考えると横浜から見た新宿の遠さの直感は、電車という道具使用の想定に裏づけられていることに気づく。

つまり「主体↓対象」という直感は、実は図4の頂点である人工物を経由した見えであったことになる。ただの直感ではなく、文化的な道具を前提とした直感であったのだ。

こうした対象の浮かび上がり方を、ヴィゴツキーは人工物による「媒介」として説明した。主体が対象を直接認識しているようでいて、実はその間に人工物を介在させている。ヴィゴツキーは媒介としておもに言語を取り上げているのだが、当然この媒介の図式は言語以外の人工物にも当てはまる。上記の例で言えば人工物は電車という交通網や自転車、道路等のことである。ヴィゴツキーは「主体↓対象」という一方通行の認識に、人工物による〈媒介〉をつけ加え、私たちの行為を文化的に媒介されたものとして捉える見方を準備したのである。

経済学者であり思想家としても後世に影響を与えたマルクス（一八一八―一八八三）は、一八四五年に十一項目からなるメモを残した。その中の一節を紹介しよう。

フォイエルバッハは宗教の本質を人間性の本質として理解している。しかし、人間の本質はひとりひとりの個人に内在する抽象物ではない。現実には、人間の本質は社会の諸関係の総体なのである。

(In its reality it is the ensemble of the social relations.)

（マルクス、一八四五／一八八八）

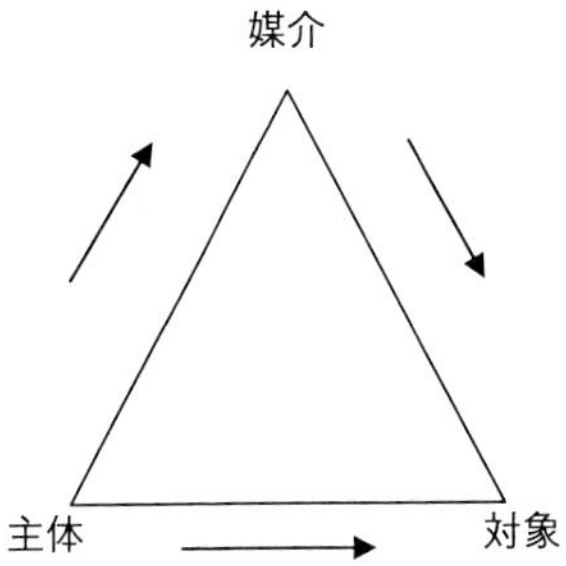

図4　ヴィゴツキーによる三角形

このマルクスのコンセプトを借りて、ヴィゴツキーは「人間の精神の本質は社会の諸関係の総体である」というアイディアを展開している。一九二九年、生前には刊行されなかった原稿の中で彼はこう書いた。

発生的にみて、社会の諸関係、つまり実際のひととひととの間の関係が、全ての高次精神機能の基礎となっている。…これらの機能のメカニズムは社会の写し（a copy of the social）である。それらは社会秩序の中の諸関係が内化され、個人のパーソナリティに引き写されたものである。精神の構成と発生と機能、つまりその本質は社会的である。個人の心理学的なプロセスに引き写されてはいるものの、いまだに準社会的である。個人と個性は社会性に対置されるものではなく、社会性の高度な形式なのである。

（ヴィゴツキー、一九九七）

人の行為遂行は、人の能力の反映のように見えながら実は、人とモノの入り交じったシステムとして成り立っている。この珈琲店では、注文内容が個々の店員の頭の中に保持され、利用されているのではなかった。注文内容は擬人的に言えばカップに「記憶」されていた。カップは注文伝票であり、作業引き継ぎ連絡票であり、店員の作業決定のリソース（参照物）であった。店内の空間配置、さまざまな道具も個人の認知にかかる負荷を道具やチームや空間といった外部に分散するものだった。

記憶に関する心理学実験の結果を待たずとも、古来より人間は自分たちの素の記憶（rote memory）が脆弱であることを良く知っていた。そのためにロープの結び目や壁の刻みや文字やパピルスや人工物やさまざまな記憶術が開発されたと言っても良い。人間は自らの記憶装置としての性能の限界を誰よりも良く知っていて、そのために記憶への負荷を社会文化的に道具やチームワークに分散してきたといえる。珈琲店で見られた、個人の記憶への負荷の少なさと、道具・チームへの依存の高さは、こうした人間の社会や文化を利用した認知戦略の典型である。一方で学校は、こうした人間の知的な伝統とは異なり、個人の認知に強く負荷をかけているのが興味深い。

以上見てきたような、「記憶」機能の社会文化的達成のあり方から分かることは、人間の認知機能が単に人間の精神のハードウェアの反映とは言えず、人間と社会文化的諸要素との関係によって立ち現れるということである。このことは、とりもなおさず、人間の能力が個人の皮膚の内側にあるのではなく、自分たちで作り上げてきた社会の制度の中で文化的に成り立つものであることを表している。一方で学校は、個人のひとりぼっちの能力にスポットライトを当てるが、そのことは私たちのこうした社会的動物としてのやり方とは異なった、つまり人間としての特質を十分に活用することのない偏った認知のあり方と言ってよいだろう。

私たちの認知は、私たちの参加する社会の文化的条件と不可分である。誰かの能力は誰かだけのものではなく、その文化の歴史をまとっている。時間も距離も遠く離れた、いつかどこかの誰かが編み出した知恵と、私たちはいま・ここで分業している。これが人間の人間らしさなのである。いわば私たちは、歴史と地理のかなたで行われた誰かの実践と、いま・ここを分かち合っている存在なのだ。今この瞬間のこの作業、ものを書いたり、話したり、何かを作ったり、そうしたすべての瞬間の背景に、何人もの先人の成功と失敗を経た技術の洗練が隠されている。ひとりぼっちに見えても集合的な存在、それが人間である。

そのことを見るために珈琲店を出よう。

そして焼き肉屋の扉を開け、次のフィールドへと進んでいこう。

DESIGNED REALITY II

デザインされた水

アーサー・C・クラークは一九六八年に執筆した小説の序文で以下のような興味深い概数を記している。

「全ての生者ひとりひとりの背後には三十人の幽霊が立っている。それが死者の生者に対する割合である。時のあけぼのから今まで、この地上を歩いた人間は一千億人にのぼる。」

有史以来地上に足跡を残した私たち一人当たり三十人の祖先は、時代に応じた道具と技能で、その時々の課題に立ち向かい、問題に突き当たり、悩み、相談し、協働し、技能や知識や道具を開発し、そしてそうした取り組みを有形無形に私たちに残してきた。現在を、歴史の流れの終端と見れば、以上のような歴史的発展の物語を紡ぐことができるだろう。クラークにならって言えば、すべての知識・技能・道具、つまり人工物の背後には、三十人の幽霊、つまり三十人の先達の日常的な活動がある。失敗や成功、惰性の日常作業、偶然の革新、プロジェクトによる開発、初期の動機の喪失、伝承のし損ね、模倣、出し抜き、商業主義、そうした人と人工物と社会のありとあらゆる相互関係の歴史の果てに、いま・ここにある人工物は存在する。ペットボトルの背後には、長旅で革袋の水を失ってしまった旅人たちや、揺れる馬車の上でカップからお茶をこぼしたものがいる。ペットボトルというさしあたりの到達点にいたる道は、成功譚ばかりではなく、何かを選び、何かを捨て、また何かに失敗してきた道のりでもある。

こうして今現在利用可能な人工物の背景には、人と世界との関わり方の変化があった。世界の意味や価値を維持し、自分たちの自律性（エージェンシー）を形成しているのは、人間だけの行いではない、とカロン（二〇〇四）は言う。私たちの自律性はさまざまの道具やルール、制度、行為者たちが混ざり合った「ハイブリッドな集合体」の効果として形作られる。

液体を例に、私たちの世界をさまざまの要素の入り交じった集合体として捉える流儀を示そう。

おそらく液体の「夾雑物のない液体だけの性質」は有史以前から何も変わっていない。ただ私たちは社会文化的動物であり、徒手空拳ではなく道具を媒介として環境に向き合うという特質をもつ。液体も同じこと、液体は私たちの暮らしの中で抽象的な存在ではない。液体と私たちは文化的真空の中で出会うのではない。私たちは液体を、文化的な道具を媒介して知り、そして扱うのである。

例えば：流れ着いた無人島で、何の容器も持たず、やっと見つけた水源の水をどうやって運ぶか。椀の形にした両の手は、液体の運搬にはあまりに性能が低い。せっかく見つけたわき水の水も、数歩も歩かないうちにこぼれてしみ出てなくなってしまうだろう。この遭難者は「水とはなんて扱いづらいのだろう！」と慨嘆するにちがいない。

このことから、液体の性質が〈液体だけ〉によって決定しないことをイメージできる。こぼれやすく、漏れ出しやすい、という液体の性質は、両手で水を運ぶこの場面で特に現れ、経験されている。水が運びにくくて扱いづらい、などと日々の暮らしでいつ思うだろう？　私たちが普段知覚する液体のもつ「可搬性」は、利用可能な人工物との関係で成立しているということである。「お茶買ってきてくれますか？」とか「被災地に飲料水を運ぶ」と語るその前提にあるのは、両手のような漏れ出しやすい容器ではなくて、ペットボトルや飲料水タンク車のような液体可搬性の高い人工物である。この場合、こぼれやすく漏れ出しやすいような液体の性質は思いつきさえしないだろう。

どのような容器を用いて液体を運ぶか、そのことによって液体の「性質」は大きく変わる。液体の保持可能時間（金属のバケツ、布袋、手の椀等）、容量（椀、タンク車等）、防水性能・傾き耐性（蓋付きの茶碗、缶、ペットボトル等）、つまり大まかにその可搬性に関わることは、液体だけの性質ではなく、液体・その容器・その使用との関わりの中で立ち現れ、私たちに経験される性質である。揺れるバスの車内で、コップの水は扱いづらく、こぼしてびしょびしょになる前に飲みきった方が利口である。または、飲みかけの缶飲料をカバンにしまう人を見たらびっくりするだろう。こんなことは小さな子供にも明らかなことである。いつ、どう飲むか、容器はそのことにも影響する。

こうしたことは液体だけの属性ではとうていない。カロンが指摘する通り、人が何を求め、考え、感じるかは、社会技術的環境（socio-technical environment）に依拠するのである。液体をどう扱うか、どんな性質として捉えるかは、私たちの問題でも、液体の問題でもなく、私と液体と容器などを含む多くの要素の入り交じった社会文化的な集合体の問題なのである。

可能なスナップショットの交渉としての現実

私たちにとって世界は、無味無臭の真空地帯ではなく、意味や価値をもって立ち現れる。なぜならば私たちは、世界に意味や価値を与えるために先人によって用いられてきた人工物を媒介して世界を見るためである。先人の作ってきた技術的環境を引き継ぎ、そのことで世界を見る視界を継承したのである。社会を引き継ぐことは世界の見え方を引き継ぐことである。

私たちにとっての液体の意味や価値は、こうして文化・歴史的なものとなる。つまり、液体だけの性質で捉えることのできない、人間と人工物と社会がセットになって成り立つハイブリッドな全体性になる。このことは、対象の意味や価値が、社会技術的環境によって決定するという一方通行の関係を示しているのではない。ハイブリッドであるということは、つまりある対象を見ることが、同時にその対象を見ることができる自分が何者であるかを決定することも意味する。現実は真空の中にはない。現実とは文化歴史的な網の目の中で、誰かの目に明らかになる一断面、つまり「スナップショット」と言ってもいい。ある知識、ある道具、ある制度を用いたあるコミュニティに所属する行為者が、世界のとある側面を「活動の対象」として取り上げる。世界のあらわれの可能性を絞り込んで、対象化（objectification）する。条件が変われば、世界はさまざまに経験可能である。あまたありうる可能性の中の可能なあるスナップショットが不断に交渉されているそのプロセスの、別の名前が私たちの現実であるということではないのか。

カロンは、このことを犂刃《すき》を例にロマンチックに説明する（二〇〇四）。犂《すき》とは牛馬等で引きずる刃状の道具で、農地の土壌の表土と下層を反転させ耕すために用いる（図5参照）。もともとは人力でシャベルのようなものを用いて行っていた作業を、牛馬に引かせるようになり、今では耕耘機やトラクターに取り付けて行っている。

図5　中国の古い鉄製犂
（宋應星，1637）

犂の刃は、それをデザインし作製し広め修理するもの全てと農夫を結びつける。農夫はひとりぼっちで働いていると思っているだろう。力を強め生産性を高めることを意図したよくある道具を用いているだけだと思っているだろう。だがそれは違う！　彼は犂の刃のおかげで、声はないが現実の、そして姿はないが確かに存在し、活動的である仲間に囲まれている。このことは犂の刃によって成り立っている。このささやかな非―人間要素（non-human）を消してしまえば、このあわれな農夫は孤立し、無力で、閉め出され、社会に取り残され、そして非活動的になる。労働しているのは農夫ではなく、農夫＋犂の刃＋刃に名を刻まれた全てのものである。鍛冶屋だけでなく彼の溶鉱炉とふいごも、金物屋だけでなくその物流手段も（カロン、二〇〇四）。

カロンに代表されるようなこうしたものの見方は、社会を集合的な全体性として捉える。農夫にとっての世界は、犂の有無でまったく異なって立ち現れる。犂という人工物の有無で、何が活動の対象となるかも変わってくる。そもそも彼が誰であるのかも。犂という人工物なくして彼は「農夫」でいられるのか。手や木の枝やシャベルなどに頼ってできる程度のことは私たちの考える「農業」とは呼べないものだったかも知れない。犂の有無は農業生産の規模や計画性や知識や技能、目的、課題、つまり世界の見えすべてに影響し、また行為者が誰であるかも定める。この場合の主体と客体は混じり合って不可分な集合体だといえる。

人工物が横溢するフィールドへ向かう

こうしたことの具体例を焼肉店のフィールド調査（紅林・有元、二〇〇六）に見てみよう。焼肉店の労働者にとっての業務や、客という社会的グループは、あらかじめ与えられた実体ではない。かれらにとってのかれらに経験される社会のあり様は、かれらの目から見たある可能な現実のスナップショットである。それはかれらのバージョンの現実であり、関わってくるすべての要素（アクター）を動員した俯瞰図とは違う。誰にとっても同じ、公共的で客観的な焼肉店の姿はない。客や店員やオーナーといったそれぞれの視点からの断面が併存するだけである。そうしたかれらの視角からのスナップショットが、この人工物に満ちあふれたフィールドで交渉されている。どのような容器が利用可能であるかということと、液体の性質が不可分であったように、どのような農具が利用可能かということと、農業のあり方や農民という主体性のあり方がセットになっており、不可分であった。同じく、焼肉店の現実も人工物の構成とセットで立ち現れる。以下に示す「オーダーコール」（客が注文時などに店員を呼ぶための道具）や「ハンディ」（注文情報をレジとキッチンへ送信するための道具）という装置は、客にとっての「店員」の意味を決め、また店員にとっての「オーダー」の意味を決め、仕事の分担のあり方を定め、プランニングや記憶に影響を与えた。そうした関係をかれらにとっての現実のスナップショットとしてかれらの目に見せている。以下とても身近なフィールドを例に、私たちの現実が交渉の過程であることを示そうと思う。

フィールドとなる焼肉店は横浜市に二店舗あり、両店舗とも同

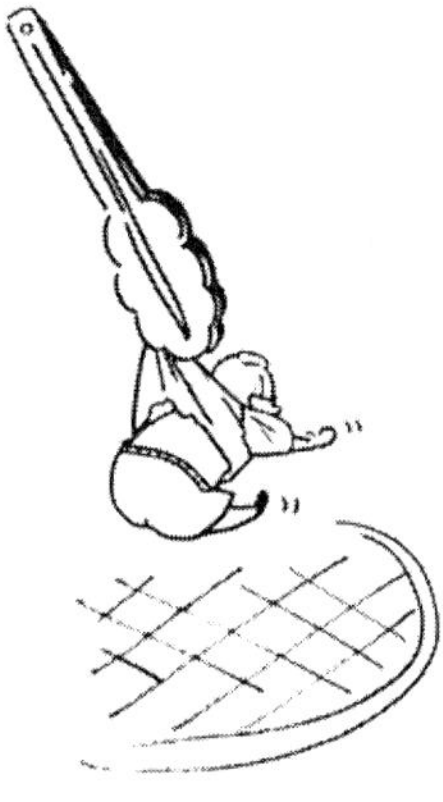

一のオーナーが経営する。テーブルが七席、座敷が四席からなり、店舗としては中規模と言える。週末は、家族連れや会社員、カップルなどでいっぱいになる。主に社員が一名〜二名で調理を担当し、アルバイトがホールの接客とドリンク作りを担当するが、忙しくなると社員もホールの仕事を手伝うようになっている。なお、ホール作業に従事する店員は、平日で二名、土日祝日は三名〜四名からなる。

社会文化的オーダー記憶

焼肉屋店員は、注文をとるための伝票や「ハンディ」、「オーダーコール」など多くの人工物を用いて仕事を行っている。その中でも特に、注文時に用いるオーダーコールという人工物に着目しよう。ここで見ていくことは、オーダーコールという人工物を用いることによって、客の呼びかけに対応する仕事が再構成されることである。

オーダーコールは、各テーブルに設置された押しボタンと、コールのあったテーブル番号を表示する店内の電光掲示板からなる。客がテーブルのボタンを押すと「ピンポーン」という機械音とともに、店内の電光掲示板にテーブル番号が表示される。

調査フィールドの焼き肉屋二店舗において、このオーダーコールのデザインが異なる。焼肉店Aの方では、電光掲示板は入口のドア上部に設置されている。「ピンポーン」と店内に音が響くとともにテーブル番号が表示され、それは十秒後に自動で消える（図6）。以下ではこの焼肉店Aのオーダーコールをオーダーコール A と呼ぶ。

焼肉店Aでは、ボタン音が鳴り響くと、ホールの従業員がその音に反応して電光掲示板に身体や目線を向ける。紅林らが録画した映像データを見ると、その平均反応時間は一・九二秒である。店員がボタン音に反応し電光掲示板の番号を確認する行為は、この焼肉店Aにおいては自動化された反応のようにも見えた。「ピンポーン」と音が鳴り響くと、ホールの店員は作業を中断して電光掲示板を一瞥する。「ピンポーン」という合図音とそれに反応した電光掲示板の確認が始終繰り返されていた。

図6　店内のオーダーコールA（左）とテーブルの押しボタン（右）

観察していると、ボタンを押したテーブルにはすぐ向かわずに、作業を続行する場合が多々見られる。この際、店員は電光掲示板に表示されたテーブル番号を頭の中に記憶し、その時行っている作業を終えてからテーブルへと向かう。ただしホールの店員が複数いる場合は、他の店員がオーダーコールに対応したかを自分自身で確認しなければならない。なぜなら、オーダーコールAでは誰かが対応したかどうかが他の店員に分かるようにされていないからである。そのため、店員は他の店員の様子に目を配り、時には他の店員との有形無形のコミュニケーションで確認し合う。

焼き肉屋の注文に対する店員の動きは、かれらの内なる主体性、自律性の産物として見え、経験されるが、こうして考えるととても社会技術的である。かれらの行為と動機は、オーダーをとるための人工物がどのようなものであるか、ということと切り離せない。

オーダーコールAはボタンを押した客への店員の対応を、「ボタン音への反応、十秒以内の番号の確認と記憶、他の店員の対応の有無の確認、客への対応」という一連の行為として構成する。一方、焼肉店Bの電光掲示板はキッチン前に設置されている。ボタン音とともに、電光掲示板上の各テーブル部分が光る仕組みになっている。点灯したボタンは手動で消すまで点いている。以下、この焼肉店BのオーダーコールをオーダーコールBとする（図7）。

図7　オーダーコールB（左）、押しボタン（右）

焼肉店Bでは、電光掲示板の見える範囲が限られているために、店員のいる場所によって店員の行為が変化する。焼肉店Aでは、店内のどの場所からも電光掲示板が確認できるようになっていた。一方で焼肉店Bでは、店内の構造上、客席から電光掲示板を確認することが難しく、キッチン付近のみでしか確認ができない。したがって、店員はキッチン付近でテーブル番号を確認し、電光掲示板の表示を消してからそのテーブルへと向かう。このように焼き肉店Bでは、客席に向かう前に電光掲示板の表示を消すことがルールとなっており、電光掲示板の表示を消す行為は、当該のテーブルに自分が向かうことを他のみなに示す。そのため、複数人のホール従業員がいる場合でも、

表2　焼肉店Bの仕事風景，チームプレー場面（紅林・有元，2006）

時間	アルバイトAの動き	アルバイトBの動き
5'35"		客席から「すいませーん。」の声がし、グラスをしまうのを中断し、返事をして向かう。
6'00"		ハンディをうちながら、戻ってくる。キッチンへ追加オーダーを告げる。
6'10"		ドリンクを作りはじめる。
6'28"	キッチンへ新規オーダーが入ったことを伝える	
	客席へ向かう。	ドリンクを作り終える。
	ボタン音とともに、4番のテーブル番号が光る。	
6'29"		返事とともに、番号を消す。
6'30"		アルバイトAに向かって、番号を伝える。(大きな声)
		ドリンクを運ぶ。
6'42"		空いたグラスを持ってくる

この掲示板を見ることで対応の有無が確認できる。すなわち焼肉店Bのオーダーコール B は、店員の対応の有無を可視的にしてくれているのである。

表2が示しているのは掲示板が確認できる場所にいる店員（アルバイトB）が、確認できない場所にいる店員（アルバイトA）にテーブル番号を告げる場面である。時間6'28"に、ボタン音とともに四番のテーブル番号が光る。この時アルバイトAは客席にいたため、番号が確認できるのはアルバイトBだけである。アルバイトBは次の瞬間に番号を消し、アルバイトAへと番号を伝える。この行為はオーダーコールBのシステムとその設置場所がもたらし

た協働的な作業であると考えられる。焼肉店Aのように、どの店員からも電光掲示板を見ることができる場合、アルバイトBがアルバイトAに番号を伝えるという協働的行為が生じることはほとんどない。この後、6'29"でアルバイトBが「番号の確認、伝達、消去」という作業を行い、アルバイトAは客の対応をした。客への対応は分業されたわけだが、それはオーダーコールBのシステムや設置場所によって生じたと考えることができる。

焼肉屋店員のパーソナル・ビュー

焼肉店AとB、二店のオーダーコールは客からの注文に店員が対応するという同じ目的で作られた人工物である。客から見れば、二店ともボタンを押したテーブルに店員がやってくるという点で同じであり、店員の行為は外から眺めている限りさして変わりがない。しかしこうした外側からの全体的な機能を観察する視点、つまり「システムズ・ビュー」では同じ様に見える行為でも、人工物のユーザーである店員からの一人称の視点、つまりノーマン（一九九一）の言うところの「パーソナル・ビュー」は異なっている。全体としては同じ仕事内容に見えるが、その所作や方略は、オーダーコールという人工物を媒介することによって異なった見えを作業者に与えている。

これまで見てきたように、焼き肉屋での店員の行為は、店員の内から発する主体性、自律性によってのみ決まるものではない。それは主体である店員と、オーダーコールなどのさまざまな人工物との集合的な布置において決まる。オーダーコールという人工物の特徴が、店員の目から見た作業の見え、パーソナル・ビューを変化させる。どんな動機をもって、何を対象として活動するかをある程度決定する。しかし、オーダーコールのみが店員の行為を作り変えたのではない。店員たちの実践の中にオーダーコールのシステムが埋め込まれて、初めて仕事のやり方が変わるのである。

十秒でテーブル番号の点灯が消えるオーダーコールAは、オーダーコールBに比べて個人の負荷が高いように見える。「ピンポーン」という呼び出し音にしょっちゅうテーブル番号を確認しなくてはならない。その意味では、オーダーコールAはBよりも劣っているということもできるかも知れない。確かに、注文のあるテーブルに的確に対応するという目標に沿えば、オーダーコールBを使う方がより簡単に実現できる。しかし、焼肉店Aの店員にインタビューすると、このオーダーコールAとともに仕事をすることで「店内全体を見渡す目が養われる」という。つまり、オーダーコールAに従って働くことは、他の従業員も含めた仕事の全体に目を向けることの必要性を、結果として含意する。各従業員が店の全体に目を向けることは、仕事を円滑に進めていく上で重要なことであろう。この効果は、オーダーコールの設計者や設置者の意図を超えている。人工物の効果は、設置された状況や、店員の人数、配置、そしてそれがどのように用いられるかによって初めて意味をもってくる。人工物がその設計された用途以外の効果、問題を生む例は日常生活でも多々ある。ケータイの普及に伴い、待ち合わせの場所決めのあり方が変わり、電車や飛行機での新たなマナーが生まれたのが良い例である。人工物は人の活動とセットになることで初めて機能する。人工物が環境を変化させるのではなく、人工物と行為者がセットになり現実を変えていくのである。

何を対象とし、何を目的とし、どんな動機をもつか。このことは人間の主体性の問題として理解されることが多い。私たちの皮膚の内側にあるコントロールのつかさどる問題であると。しかし以上見てきた通り、私たちの主体性は皮膚の内側だけにはとどまらない広がりをもっている。手元にあって利用可能な人工物ひとつで、私たちの内なる「意図」や「計画」、「欲望」は変わってくる。どんな人工物があるから何をしたくなるか、また手ぶらであると何ができないか。こうした人工物と主体性の強い関連が人間の特徴であると言って良いだろう。個人の能力も、意図も、そうした人間の主体性・自律性は社会や文化と入り交じって切り離せない。今私たちがもつ能力の多くと、私たちが経験する意図や欲望や動機や衝動のほとんどは、この社会、この文化を失うと同時に失われるだろう。横浜に住んでいて東京の友人に会いに行きたくなるのはなぜか？　それは電車等の交通網の整備と深く関連する。徒歩で向かわなければならないとすれば三十キロメートルはちょっと友達に会いに行きたくなるような気軽な距離ではない。今さっき経験した出来事を友達に伝えたくなるのはなぜか？　それは携帯電話、メールというコミュニケーションの道具と深く関連する。道ばたで見かけた面白いもののためにどれだけの人が手紙を書くだろうか。

このように私たちの世界のあり方は人工物のあり方に深く関連する。例えば携帯電話をなくすと、友達のネットワークもなくなってしまうだろう。現代の「友達」のネットワークは頭で連絡先を憶えておける範囲を遥かに超えているからである。電信電話網を失ったら、私たちは社会を失う可能性が高い。現代の社会は、直接声の届く範囲を遥かに超えているからである。

アンサンブルとしての主体性

伝統的な心理学理論は、社会的・文化的な状況から独立した行為主体を記述しようとしてきた。一方で私たちの日常的な実践は社会文化のいろいろな要素と分かつことができない。この理論と実践の乖離のおかげで、これまで示したような行為の社会文化的な成り立ちがくっきりと際だって見えてきたといえる。実験室的実験やテストを用いて記述されてきた標準的な行為の説明からのはみ出しが目立つようになってきたのだ。状況に左右されない自律的な能力を想定すると、どうしてもそこからのはみ出しが見えてきて、内なる行為主体だけで説明できなくなってきたのである。

世界の、または人の人生のすべてを、学問はその目次に取り上げられない。研究者の目にとまり、記述され、説明され、学問領域の手持ちの道具で操作可能な対象しか取り扱うことはできない。これは心理学における「観測問題」と言うことができる（有元、二〇〇八）。メインストリームの心理学が用いることのできる道具がカバーする心理的現象には限界がある。これはどの学問でもそうであろう。心理学のグリッド（格子）からこぼれ落ちる人間の心理的現象はたくさんある。学問とはそのようなもので、心理学も、限られた目の荒いグリッドで人間の人生の複雑さの全体に立ち向かおうとしているとも言える。

またこれも学問の、または何かを記述する際の制約なのだろうが、そもそも身近で発生頻度の多い当たり前のことは焦点化されない。心理学の教科書の索引を、その心的現象の日常での出現頻度や持続時間で並べ替えたらどうなるだろう。「推論」や「問題解決」や「記憶」は、実はまれなことである。ほとんどの場合、私たちは自動的に行為しているではないか。熟練運転者は、運転中に運転のことは考えない。熟練した行為者は行為中に行為のことは考えないものだ。その行為を学んでいる最中や、なんらかの原因で自動的な行為が途絶えるその瞬間に、心理学的トピックを私たちは履行する。つまり心理学の研究は私たちの日常を代表していない可能性がある。日常とは異なるいわば非常事態心理学だったのかも知れない。

ここまで私たちの主体のあり方について捉え直してみた。ヴィゴツキーが私たちのこころを社会の諸関係のアンサンブル（総体）だといったのと同様に、珈琲店や焼肉屋で見られた主体性、自律性は、道具に頼り、仲間に頼り、ルールや制度に頼ってそれらのアンサンブルとして成り立っていた。本書では私たちの記憶や認知、もしくは仕事や他者との関係などといった日常的な行為が、どのような人工物のデザインによって達成されているかを見ていこうと思う。本書で人工物という場合それはことばも含む。ことばもまた私たちが作り出した思考の道具である。私たちはことばをも含んだ人工物をもって外界を表現する。そうした人工物なしに、いま・ここでの私たちの思考はない。人工物の制約の中で世界の本質は成立する。

音楽家が音楽の体系の制約の中で音楽を産出するのと似て、私たちは社会の中で生まれ文化の中で継承されてきたさまざまの人工物を用いて世界を作り上げ、主体性を形づくり、そして世界を経験している。

このことの締めくくりに宮沢賢治の詩を紹介したい。

序

わたくしといふ現象は
仮定された有機交流電燈の
ひとつの青い照明です
(あらゆる透明な幽霊の複合体)
風景やみんなといつしよに
せはしくせはしく明滅しながら
いかにもたしかにともりつづける
因果交流電燈の
ひとつの青い照明です
(ひかりはたもち　その電燈は失はれ)

(以下略)

(宮沢賢治『春と修羅』序、一九二四)

これは序詩の一節を切り出したものである。ここに表現されていることは自己の捉え方である。自己を「現象」と捉えること、「複合体」の中のひとつの現れと捉えること、存在（「電燈」）が失われても全体の「ひかり」は保たれること、など文化と個々の人間の関係をよく象徴するように思える。私たちは自律的な個人でありながら、そうした現象として現れながら、その実、時間と空間を隔てた多くの人間の実践の「複合体」である。個々の要素が欠けても、文化というアンサンブルはおおむね鳴り止まない。だが個々の要素がなくてはアンサンブルは成立しない。そういう人間と文化の関係をうまく表しているように読めてならない。

あなたの物語

私たちの主体も、私たちの認知も、私たちの社会関係も、個人を取り巻く外界の道具立てがないと成立しない。それらは所与にここにあった当たり前の存在ではない。今のこの世の中の当たり前のことを構築するために、私たちは道具や組織、制度、工夫、ルールを創出し、それらを日々用いている。この当たり前を構築することの背景に、いかに外界の道具立てが絡んでいるかを示していくことが、本書を記す目的となる。私たち人間は自分たちのための世界を作り、またその世界を生きるような特別な自律性、主体性を身につけたと考える。

これまでの心理学の記述のグリッドからはみ出てきた、集合的な主体性に焦点を当てていこう。具体的な道具や工夫と不可分に一体化した主体性、自律性についての心理学を記述してみたいのである。冒頭、珈琲店、焼き肉屋といった具体的な場所をフィールドとした研究を示すことで、そこで働くひとびとの仕事のあり方や認知/記憶の方略が、どれほどその場の道具立てと不可分に一体化しているかを示してきた。ここでは、高校生や大学生を対象にしたフィールド調査から、ケータイやプリクラといった人工物がいかに対人関係をマネジメント（管理）する道具として用いられているかを明らかにしよう。つまり人と人との関係が素朴に感情の通い合いだけによって成り立つものではなく、さまざまな人工物とセットで成立していることを記述してみよう。

続いて、特徴あるいくつかのコミュニティをフィールドにして、そこでのひとびとの語りに着目する。その上で、私たちの思考やふるまいを決定づけるコミュニティ特有のルールやマナー、人工物の利用を記述していこうと思う。本書でフィールドとして選択した特徴あるコミュニティとは、「コスプレ」を愛好するコミュニティ、漫画やアニメの二次創作である「同人誌」を愛好するオタクコミュニティである。さらには、成年男子というより広いコミュニティを対象として、「童貞」に関する語りと男性の思考やふるまいの関係について言及する。

どれもいささかトリッキーなフィールドである。しかし、これらは私たちの日常的な集合的活動のバリエーションだとみることができると考える。さまざまな仕事に従事するひとびとを記述するのと同じ水準で、コスプレなどの趣味の実践に熱心に打ち込んでいるあり様を記述してみよう。焼き肉屋であれコスプレ・コミュニティであれ、そこでは参与するひとびとによって、明文化されないながらも特有のルールが形成され、あるべきふさわしいふるまいが構築される。何に価値をおくのか、モノや概念にどのような意味を付与するのか、そういったことがらもコミュニティにおいて形成されていく。このような点において、仕事であれコスプレであれ、構造は一緒である。どうでもよい身近なことも、世界を動かすような重要なことも、同じく人々の集合的な貢献とその歴史の上に成立していることを示したいのである。

自分自身が参与しているふだんの集合的活動は、空気のように当たり前であるがゆえに、その特徴を記述することは非常に難しい。コスプレなど見慣れないコミュニティを眺めることで、日常ではなかなか気づきにくい文化形成や維持、実践過程というものを明瞭に見て取ることができる。いささか偏ったフィールドでの実践を見ることはすなわち、私たちが住まう現実の成り立ちを捉え直すことにつながる。なじみのないフィールドの現実がどのように成り立っているかを見る視点は、振り返って日常の当たり前の成り立ちを見させてくれるだろう。つまり遠く異境におもむかない、半径三〇〇mの比較文化研究の旅に出るのだ。

運動選手も心理学者もコスプレイヤーも高校生も、それぞれ独特の人工物を使って、独特の意味や価値を創出して、他者と交渉し、特有の世界を作る。コスプレイヤーや同人誌愛好家やプリクラに興じる高校生といった諸々のサブカルチャーで描かれることがらは、同時にわたしやあなたの物語のバリエーションでもあるのだ。私たちの世界は、また私たちの主体性は、与えられたものでなく、自らで創り上げ維持しつつあるものである。そのことの豊かさを称え、特に注目し記述するようなタイプの心理学を描いてみよう。絶望することも多い人間性の、文化を支えていく善い側面に焦点を当てようと思う。この現実を維持し、そして再デザインしていく、人間のそういう風に運命を作り出す側面を示そうと思う。

DESIGNED REALITY III

フィールドに向かう

本書では、〈ひとびとが社会文化的に活動する場所であること〉が、誰からも可視的である空間を「フィールド」と呼ぶことにする。今そこに活動する人はひとりであっても複数であっても構わない。その空間は人一人のための広さから、いくらでも広大になって構わない。ただし、その活動が社会文化的であることは、フィールドが外から見てフィールドに見える大事な要件である。個人の、社会に向けられていない独創や夢想にもとづく活動の空間は、見えたとしても誰かの独創や思いつきにしか見えないという理由で、さしあたりフィールドとは考えないでおく。

さて、フィールドは私たちに可視的である（冒頭にそう定義したのだが）。それはまず知覚されるものであり、ばらばらのヒトやモノを体制化する素朴な「ゲシュタルト」と言ってもよいだろう。ゲシュタルトとはものの知覚が要素に還元できない全体的な構造によって規定されることを示す概念である。それはばらばらの星の中に星座という意味のまとまりを見て取ることに似ている。

このゲシュタルトは、ある特定のフィールドを知覚する際にも作用すると考える。子どもや初心者や部外者が、その範囲や境界線を見誤ることは多いだろう（逆に、そのことで「子ども」や「初心者」や「部外者」である、とも言える）。しかし、目に見えるヒトとモノの配置／向き／関わりかた／等によって、その場が「活動の対象（object of activity）」（レオンチェフ、一九七五／一九七八）を指向した場面であることが、さしあたり私たちには伝わる。

例えば、大切に管理された特定の物体に、代わる代わる複数の人間が共通の動作で一定時間ずつ対峙していく場面を見れば、そこが「信仰」の場面である、と見て取る可能性は高い。実際は別の目的であっても（例えば、それが証明写真を撮る機械だった等）、少なくとも、そこに何かを「活動の対象」とした活動のフィールドがあることだけは、誰にも、確かに知覚される。同じように、複数の人間が一つのボールを蹴り合っている場面は、時間と空間とメンバーに一定の境界線のある、そしてメンバーが共通の動機を分かちもった、そうしたフィールドに見える。それがゲームなのか仕事なのか儀式なのかといった理解に先立って、それはある境界をもったフィールドに見える。

つまりここで扱おうとするフィールドは、私たちにとっては、知覚可能な、具体的で形あるモノだということである。社会秩序として、それは観察や経験可能なものである。抽象的な概念ではなく、具体的な社会・文化のあり様として、私たちに経験可能なものなのである。どのようにしてその経験可能な境界線が見えるのか、フィールドの具体性のメカニズムを見ていこう。そのためにこうした具体性を構成する人工物にフォーカスを当ててみる。

道具のデザイン＝主体のデザイン

ここでは、私たちにとって日常的なメディアを取り上げて、メディアと主体との関係について考えていきたい。具体的にはケータイとプリクラといったメディアを取り上げる。こうしたメディアもまた本書で述べる人工物であり、これらは私たちの対人関係という現実の構築に大きく関与する。

いまや大半の人が日常的にケータイを持ち歩く。また、プリクラは大半の中高校生によって利用されている。この章において見ていきたいことは、ケータイとプリクラが私たちの行為可能性を変える点である。ケータイやプリクラに限らず、新しい技術＝人工物は、生活の慣習を根底から変えてしまう場合がある。例えば電信技術の登場が、私たちのコミュニケーションを一変させたように。ただし、新しい技術＝人工物が登場したからといって、それが人間の行為を一義に決定するわけではない。新しい技術は、私たちの行為の中で取り扱われる過程で初めて社会的な意味を獲得する。

例えば、カメラ付ケータイを手にした私たちは、カメラをいつでも使えるように持ち歩く日常をすごすことになる。そうして、昔カメラを持ち歩いていたとしても撮らなかったようなきわめて日常的なモノ・コトを被写体としてカメラにおさめる。ケータイ写真は現像せずにすぐに閲覧可能であり、離れた場所にいる他者に送信することもできる。日常の中で行き当たった対象物を記録し人に見せる、そんな素朴な「フォト・ジャーナリズム」とでも言うべき行為を可能にしてくれるのだ。

カメラ付ケータイを手にした今、私たちは他者に自分が撮った日常の断片を送る、そんな欲求をもつようになる。このように考えると、新しい技術は私たちの行為の可能性と、欲求のデザインに貢献するといえよう。つまり私たちの欲求や目的は、人工物とともにあるといえる。言いかえれば主体が、私たちの頭の中だけでなく、技術＝人工物との相互作用で成り立っているということである。

主体が社会—道具的に成り立っているという観点は、カロン（二〇〇四）に見ることができる。カロンの主張は、人工物の社会的役割として、社会の中の諸関係を変化させることに力点を置く。カロンは、人工物が新しい主体（以下のカロンのことばで言えば「社会的アイデンティティ」）を創造することを指摘する。

携帯電話とSMS（ショートメッセージサービス）のケースを考えてみよう。このイノベーションは単に既存のコミュニケーションの要求と出会い、それをもっとも効果的かつ生産的に満足させただけなのだろうか。そうではない。実際には、このイノベーションは新しい社会的グループの創造に、言いかえれば社会学者がいうような新しい社会的アイデンティティの創造に貢献したのだ。例えば、携帯電話を持つティーンエイジャーは、このテクノロジーの存在を想像すらしなかった時代のティーンエイジャーとはその行動と欲望において深く異なり、はるかに多様である。

（カロン、二〇〇四）（括弧内筆者註）

日本におけるケータイの普及は、九十年代前半までのビジネス利用目的を除けば、若年層の利用が先行する形で進展してきた。現在では、より幅広い年齢層への普及も進んでいるが、それでもなお二十代をピークとした若年層が利用頻度においては他の層を上回っている。ケータイの登場以降、特に若年層のコミュニケーションが何かしらの変化を経験している。大学生におけるケータイの利用がかれらの「親しさ」の表示と結びついていることが指摘されている。カロンに従えば、友達どうしの「親しさ」が所与のもので、「こころの中の友達意識」に駆動されてケータイが利用されているとは考えない。むしろ、相手との「親しさ」を表示するその欲求そのものが、ケータイという新しい技術とそれを利用するひとびとによって再編されている。恋人どうしの親しさは、ケータイメールを一日に何十通も送り合うことを通して、お互いに具体的に示し合われる。恋人どうしの親しさとこうしたメディア利用の形式は強く関連している。源氏物語ならば、このメディア利用の形式はさしずめ和歌のやりとりであっただろう。

メール・コミュニケーションが可能なケータイがある今、ケータイメールを介したメッセージの交換と主体性を切り離して考えることはできない。ケータイがなかった時代の若者にしても、当時のメディアやテクノロジーの中で、例えば恋愛感情のような主体性は具現化されていただろう。ケータイを持つ今日、私たちの主体性は「ケータイを含んだ主体性」である。これは「さびしさ」などを考えれば理解できる。送信したメールに返信がないことで「さびしさ」が喚起される。それは、ケータイメールを受け取ったら「即返《そくへん》」することが若者の間で期待されていることに起因する。そのような明文化されないが共有された規範ゆえ、即返しなかった場合に「罪悪感」が芽生え、言い訳や謝罪を含むメールを送信する場合もある。寂しさや罪悪感といったような主体の感情は、ケータイやケータイメールと連関する。いわば、ケータイメールの受信ボックスの件数表示は主体の感情の浮沈を示す道具となっている。

ケータイ越しのあなたと私

ケータイメールの一連の手続きは、対人関係のデザインとも連関する。例えば友達であることは、友達であることを示すための手続きを実践することに他ならない。相手によって変わる口調や仕草は、その相手との関係を可視的にする。友達であることは、頭の中で強く友情を感じていても、目に見える実践が伴わないと成立しない。ケータイのようなメディアもまた、友達であることの具体性を目に見せるためのデバイス（工夫・装置）となる。特に若者たちにとっては、ケータイとは遠隔地にいる二人のコミュニケーションのためだけの道具ではない。ケータイメールや通話の送信量や頻度は、その相手との親密度を示す指標となる。筆者が二〇〇三年に行った調査では、ある高校生のカップルは一日に一四四通ものケータイメールを互いの家から送受信していた。そのメールの内容は「いまから風呂入る」「親うざい」「宿題おわた」といったような、その時の何気ないつぶやきである。かれらは、物理的な場は共有していない。しかし、短いつぶやきの連鎖によって生み出される「ケータイ空間」とも呼ぶべき場では、常に一緒にいるかのような感覚（場の共有感（co-presence））を経験している。かれらは互いの親密な関係を感じ取るわけだが、そのような関係はケータイのようなメディアとともに構築されていくといえよう（二〇一三年現在ならさしずめTwitter）。

友情や人間関係といった高次の人間的側面には、具体的でマテリアル（物質的）な構成要素がある。ケータイの中に保存された写真、ダウンロードしてきた画像、お気に入りのサイト、などのさまざまなコンテンツの共有もまた、友達であることを示す具体物である。若者は、学校帰りや遊びに出かけた際、ファストフードなどでケータイの中身を相手に見せたり、共有したりすることが少なくない。ケータイは通信機能とともに、画像はじめ各種コンテンツのストレージ（蓄積場所・収納庫）として機能している。ストレージの中から、何を選択し、誰に見せるのか、このこともまた対人関係の構築に関わってくる。先述したケータイメールのやりとりからなる電子的な空間だけではなく、面と向かった物理的空間においてもケータイという道具を介して親密さが表象される。

ケータイとともに育ち、その機能の活用に長けた若者たちにとっては、ストレージされた画像などのコンテンツの履歴も、自分を表現するひとつの手段となる。ストレージされたコンテンツは自分の表象であり、他者に提示するストレージの質・量のアレンジは、自分をどのように・どれだけ他者に提示するかという判断と同義である。ことば遣いやファッション、持ち物は、私らしさを構築することによって同時に

http://twitter.com/Riff_Arimoto
http://twitter.com/dai_okabe

私らしさを社会（二者以上いる場）に表現する道具である。私という抽象を具体的に成り立たせるためのマテリアリティ（物質性）である。洋服や髪型やバッグや靴や音楽プレーヤーの中の曲が私らしさの部品であるように、ケータイのストレージの中身も私らしさを組み立てている。どんな部品で組んだどんな私らしさを社会に表示するか、それは社会に生きる上で誰でもアレンジしている方略である。物理的な空間でのケータイ・ストレージの共有とは、他者との関係を構築する方略のひとつと見なすことができるだろう。

このような一連のケータイと対人関係に関することがらは、技術としてのケータイが普及しただけでは実現しなかったであろう。技術を自分たちの生活に取り込み、その利用方略を自己決定し、再編し続ける文化的土壌があって初めて実現することがらである。以下では、カメラ付ケータイで撮影された写真がどのように共有されているかをより詳細に紹介しつつ、新しい技術とそれを用いる私たちの実践が、新しい文化を生み出す様子を記述したい。

図8　ストレージとしてのケータイ利用

電子的遠隔共同注視

ここでは、日常的なカメラ付ケータイ利用に関するデータから、友人関係という現実の構築とメディアの関わりについて議論を行う。以下に

図９　新しいヘアスタイルの写真（左）と、手作り酒饅頭の写真（右）（20 歳大学生により撮影）

紹介するデータは、筆者らによって収集されたカメラ付ケータイ利用に関するインタビュー・データからなる。

カメラ付ケータイ特有の利用法は、私的な写真の収集にあるだろう。大半は送受信の対象にならずに、ケータイの中にストレージされていく。これらの写真は、いわば視覚的なメモであり、街中で見かけたアルバイト募集の広告や、読みたい本のタイトルの情報などの写真である。これらの写真は個々人の端末に保存されたままで、誰かに送信される例は多くはない。一方で、送信された写真について詳細にインタビューしてみると、ケータイというテクノロジーによる写真の共有／非共有を介した、対人関係の組織化という興味深い実践が見て取れる。

親しい友達どうしで、ケータイの画面越しに写真を共有することはよく見られる。写真の送受信があまり行われないのは、通信料金の理由などにもよるが、この技術経済的な障壁に加えて、「社会的な理由」が興味深い。インタビューの結果、通常のメールによるやりとりに比して、無配慮に写真を送信することは、押しつけがましく、ナルシシスティックなものとして見なされるようである。そして、ケータイで撮られた写真は、恋人、夫婦、きわめて仲のいい友達といった、親しい間柄に送信されるようである。ケータイメールの場合は、通常二～五人、多くても十人の間でやりとりがなされる場合が多い。写真付のメールだと、この幅はより小さくなり、さらに、添付される写真の内容も、相手に応じて選択的になるようだ。以下の写真とインタビューの断片は、このことを示している例である。対象は二十歳の大学生T（女性）で、彼女は、自身の新しいヘアスタイルの写真（図9）について言及している。

> T：ケータイで、今日の髪型チェック、パシャとか撮って、あっ、だめだ、とかやってる。場所は家です。二、三枚撮ってうまく撮れたら、残してこんな髪形どうよ、みたいな。
> ――誰に？
> T：彼氏ですかね。次の日会うってことになってたし…友達には絶対送らないですね。バカだと思われる。自分の顔とか友達見てもしょうがないですよね、はい。
> （――は著者の発話を示す。）［T、女性、大学二年生、二十歳］

このインタビューで、彼女は彼氏にヘアスタイルの写真を送ることはできても、友達には送ら（送れ）ないと述べている。写真を送信できるか否か、どんな写真を送信するか、ということの意思決定は、親密さの度合いという社会的関係と不可分である。もしくは、写真を送り合うという実践が、社会的関係を構築、維持しているともいえよう。

この同じ学生は、彼女が作った酒饅頭の写真（図9）に関して、「自撮り」したヘアスタイルの写真とは異なる意思決定をしている。彼女は、友達に「見て見て、作ったの！」というテキストを添えて酒饅頭の写真を送信しているのである。自撮りした写真のケースとは違い、酒饅頭の写真は、ナルシスティックというよりも、友達との間で「ニュース価値のある（newsworthy）」写真と見なされたようである。

複数の人たちが同一のことがらを実行するために協約した手順は、「プロトコル」ということばで表現される。若者の間でも、友達と共有してもいい（もしくは共有したい）という写真か否かの意思決定には、共有された「社会的プロトコル」があるようだ。

次の例も、大学の教員と、その研究室の学生N（男性）の間で共有された写真に関するインタビューの断片である。この大学生Nもまた、親しい間柄であれば、写真の共有は適切な行為であると述べている。彼は、大学の先生から写真付のメールを受け取ったので、その時調理していたハンバーグの写真を返信した。

N：これはハンバーグ作ったし。
——ちょっとこのハンバーグの写真の文脈を教えて下さい。
N：これはですね、先生がフリスビーのすごい技の写真を送ってきたんですよ。そしたら、何かして、画像を返さないといけないと思ったんです。で、たまたまハンバーグ作ってたから、これを送っちゃえ、と。
——最初にそのフリスビーの写真がきた時に、うざいとは思いませんでした？

N：思いません。楽しい楽しい。先生とは仲がいいし、結構うれしい。
――で、ハンバーグを自分で作ってて、送った。これテキスト付けて送ったんですか？
N：はい。送りました。えーと「自立した男でしょ？」って。
〔N、男性、大学四年生、二三歳〕

親友、家族、恋人などの間で、互いの「視点」を示す写真を送信し合うこれらの事例は、カメラ付ケータイ特有の「場の共有感」の達成につながる。ケータイメールの場合も、特に親しい間柄で、「今、登り坂の途中」とか、「テレビ面白かったよ」といったように、お互いの状況に関する情報を送り合う。ケータイ写真によるコミュニケーションの場合は、これにお互いの視点が加わる。そして、送信する相手の幅は狭くなり、送信される内容もより選択的になる。このような視覚情報の遍在的な共有は、ケータイメール空間とは異なり、互いの視点にもとづいて「場の共有感」を達成する、新たなコミュニケーションの構築につながると考えられる。

誰もがフォト・ジャーナリスト

特に親密な間柄でなされる「場の共有感」の達成に加えて、カメラ付ケータイは、日常生活におけるニュースの視覚的な共有を促進する。多くの調査協力者が、友達が興味を持ちそうな、「ニュース価値のあ

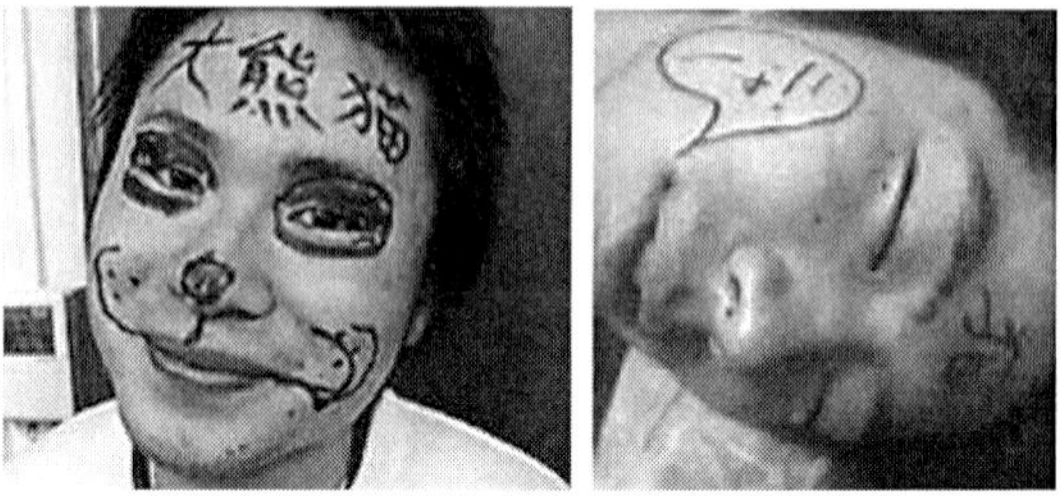

図10　顔の落書き

る」写真を端末に保存していた。また、そのような写真の撮影を志向している様子が見て取れる。

　こういった写真は、インタビュー中に、「ネタ写真」として語られることが多かった。このネタ写真は、比較的狭い範囲の友達間や家族間にとって「ネタ」となりえるような写真のことを指す。重大な出来事や事件の「ネタ」というよりも、日常的な「ネタ」である。上の図10は、このネタ写真の例である。これらの写真は、友達どうしで、ケータイの画面に表示して見せ合うことで共有されていた。

　カメラ付ケータイは、日々の視覚的なネタを共有可能にした。そして特に若者は、自身のグループにおいてネタと見なされるような写真のアーカイブ（保管）を志向する。以下は、二三歳の大学生O（男性）が撮影した写真についてのインタビューである。彼によれば、その写真は、アパートで友人とビールを飲んでいる時に、その友人が接着剤やのりも使わずに、おでこにビールの缶を付着させているものである。Oは、近いうちに誰か他の人と共有するために写真を保存したと述べている。

Ｏ：これはＳ（Ｏの友達）と遊んでて、そしたら缶がひっついて、Ｓの額に。
――へぇー。でこれはどうなるの？　誰かに送った？
Ｏ：送ってないですね。これはちょっと面白いから残します。
――誰かに見せたのですか？
Ｏ：友達に見せた。

［Ｏ、男性、大学四年生、二三歳］

これらの事例は、日常的な断片のフォト・ジャーナリズムとでも呼ぶべき実践を示しており、これによって、日常は「ニュース価値のある」ものへと移行する。ネタ写真は、画像アップロード・サイトやブログ、ソーシャルネットワーキングサービス（ＳＮＳ）にもアップされる。しかし概して、ネタ写真は親しい人どうしでやりとりされ、かつ、その写真は友達や家族内でのみ価値がある場合が多い。ネタ写真の多くは瑣末なものかも知れないが、特定のコミュニティにとっては、ニュースサイトの最新ヘッドラインと同等に、重要で興味深い視覚情報となりうる。

フォト・ジャーナリストはニュース素材を求めて、カメラをいつでも使えるように持ち歩く日常を過ごす。いつどんなニュース素材にぶつかるか分からないからである。常に携行可能な記録装置であるカメラが、フォト・ジャーナリストの欲望の源泉となっているといっても良いだろう。カメラが携行可能でなければ、対象を写真館に招いて撮る以外ないのである。カメラ付ケータイは、「日常の些細なフォト・ジャーナリズム」を作り出したともいえる。ケータイは（当たり前だが）携帯可能であり、すぐに閲覧可能であり、そして離れた場所に送信することも可能である。日常の中で行き当たった対象物を記録し、人に見せる、という点で、フォト・ジャーナリズムの要件を満たしている。技術は私たちの行為の可能性を変える。一般のひとびとをフォト・ジャーナリスティックな心持ちにさせる。またこうした行為可能性の拡張を志向することで、技術も進化を方向づけられる。例えば写真の次は動画を人に見せたい、などのように。二〇〇八年の今のテクノロジーは二〇〇八年の欲望と衝動を構成している。そしてまたそのことが次代のテクノロジーに影響を及ぼす。現実は道具によって媒介され、私たちのこころのあり方もまた変調していく。

携帯をしまって、次はプリクラのブースに向かおう。

デザインされた動機

フィールドは「生き生きと」見える。市場も、商店も、学校も、病院も、草野球も、鬼ごっこも、皆そこには生き生きとしたひとの「活動の対象」と動機が見える。プランし、計算し、記憶し、比較し、説明し、主張し、抜け駆けし、裏切る、といった、さまざまな人々の動機が横溢している。このフィールドの生き生きとした性格を、何よりも重要な、人間の人間らしさの反映と捉えてみたい。フィールドが、「活動の対象」とひとびとの動機に満ちていること、この重要性にここではまず焦点を当てておきたい。

このような考え方は、人間の精神活動を、社会的・文化的・歴史的に研究しようとするアプローチである「活動理論（activity theory）」に由来する。歴史的には、ロシアのヴィゴツキーに端を発するソビエト心理学の流れを汲むものである。この活動理論の基本的な前提は、人間が道具を用いて環境と向き合うということである。道具という文化歴史的な人工物を、人間の活動と分かつことのできないものと前提したのである。この条件で考えると、人間の活動の動機は、身体と環境とのインタラクションだけでは決定されない。金や愛、地位や名誉を求めることなどはもちろん社会文化的な動機である。だが、より生物学的基礎との関連が高いと思われる一次的（生理的）欲求にしても、特に「欲求」として理解されるのは、社会的制約とコンフリクト（葛藤）が生じる場合に限定されるだろう。例えば、「授業中にトイレに行きたい」、と思うその欲求は、授業中だからトイレに行きづらい、という社会的条件とセットで成立している。〈三度三度腹が減ること〉の理由は、「血糖値の低下と遊離脂肪酸の増加」のような生物学的基礎で説明できるが、同時に、何回食事をする文化か、何を主食としているか、摂取カロリーはどの程度か、もっと根本的には、狩猟生活なのか農耕生活なのか、どんな自然環境に住むのか、といった地理的・社会文化的条件にも強く規定される。そうした社会文化的要件を前提としない真空の中の身体はない。身体のメカニズムである血糖値の増減も、当然食文化が前提となっている。食文化を前提としない、空っぽの世界に位置する身体の「食欲」を記述することは、生きて暮らす人間を記述することとは異なる記述である。

人間の欲求に関してマルクスは、歴史的に創られた欲求が自然の欲求に取って代わると述べている。彼は動物の欲求と人間の欲求の違いを以下のように述べる。

動物はただそれの属している種族の規準と欲求とにしたがって形づくる［生産する］だけであるが、人間はそれぞれの種族の規準にしたがって生産することを知っており、そしてどの場合にも、対象にその対象固有の規準をあてがうことを知っている。だから人間は、美の諸法則にしたがってもまた形づくるのである。

（［　］内は著者註、マルクス、一八四四）

そして、対象世界（objective world）を産出すること、自然を加工することが人間の基本的な条件であると述べる。この生産を通じて、「自然は人間の制作物および人間の現実として現われる（Through it, nature appears as his work and his reality.）」というのである。

このように、文字通りの意味で、私たちの欲求自体が、社会的にデザインされている。腹が減ることは社会文化的現象とも記述できるのである。このこと、つまり私たちが身体ごと、丸のまま社会文化的であることが、人間が人間であることとの基本的な条件だと思われる。捕食する、食事する、という活動の動機は、社会的真空の中にぽつんと位置する身体だけには求められない。

私たちの活動の動機をどこに求めるか。活動理論を成熟させたレオンチェフ（一九〇三―一九七九）は、「活動の対象は活動の真の動機である」（一九七八）という命題を示すことで、動機を単なるこころの働きとして記述しない道を私たちに残した。すなわち、活動が対象とする具体的なモノ（object）それ自体が、すでに私たちの活動の動機だというのである。言いかえれば、何かを対象物と認める＝知覚すること自体が、同時に動機を構成しているのだということになる。

例えば、その紙切れを「紙幣」だと認め、蓄財や分割払いといった活動の対象とすることが、すでに活動の動機と同義である。同じく革張りの球体を「サッカーボール」と認めること、回転する三本の針を「時計」と知覚すること、何かを食べ物だと知覚すること、などがすでに活動の動機なのだ。こういう見方は、動機をミステリアスなこころの働きに押し込めず、私たち人間の作ってきた具体的な社会と人工物の中に展開してみせる、人間の生活に寄り添った説明方式である。それは人間を記述するのに、神様の創ったブラックボックスの中身を記述するのでなく、人間自身が作ってきた具体的な世界を記述することを選び取る態度表明ともいえる。

カプテリニン（二〇〇五）はレオンチェフの「活動の対象」のもつ二重の地位を以下のように示した。

1. 人のこころの外界（objective world）への投影、
　　同時に
2. 人のこころへの世界の投影

そして、「活動の対象」という切り口で世界を記述することが、心理学的現象を目に見える具体的なモノ・コトに展開することであり、同時に、具体的なモノ・コトに生き生きとした意味と価値を与えることであることを、以下のように描く。

活動の対象を概念的なレンズとして採用することは、主体的な現象を外界の中に位置づけること。こころと世界に関する見えを変えること。もはや人のこころは「メンタル・プロセス」の集合ではない。偏っていて、意味と価値を求めあがき、泣いて笑って、失敗しては希望を抱き、それは生き生きとして、現実である。同様に世界の側もまた、もはや物理的なブツや組織構造やそんなものの単なる集合ではなく、意味と価値に満ちた場所であり、快適だったり危険だったりし、規制したり支援したり、美しかったり小汚かったり、そして（たいていはそうだけれど）そうした全てが同時にあり得る場所である。

（カプテリニン、二〇〇五）

現実の理解を改訂する

こうした活動に伴う意味や価値の直接知覚という説明は、私たちの素朴な世界の認識ともっとも近いと思われる（cf.「誘意性（valence）」：レヴィン、一九三五、「アフォーダンス（affordance）」：ギブソン、一九七九）。なぜなら私たちは、多くの場合、世界の意味や価値を直接に知覚するからである。外界は私たちのこころの投影であり、私たちのこころは外界の具体性の投影である。このことはメンタルプロセスの神秘というより、きわめて当たり前の素朴な世界―主体関係である。

こうした「活動の対象」概念による記述は、私たちの行為を刺激―反応の結合として説明することに似た印象を与えるだろう。特定の刺激に特定の反応を直結し、対象物が行為を決定するような、「活動の対象」決定論に感じられるかも知れない。ここではその〈決定因〉を、私たち人間が自分たちで作り上げ、改訂し続けていることを、つまり「現実をデザインする」ということを、私たち人間の特徴として、積極的な意味を与えて強調したい。「活動の対象」に自らの知覚を隷属《れいぞく》させているというよりは、新しいまだ見ぬ世界を実現するために、知覚をデザインしているという側面を強調してみる。

このセンスで言えば、私たちの現実は、具体的なモノ・コトによってデザインされている（有元・森下、二〇〇五）。そこでデザインされているのは、世界の見えの理解（sense-making）そのものである。冷蔵庫、頑丈な靴、パックの肉や魚、ＰＣ上の電子テキスト、歯ブラシ、医学、ペットボトル、化粧品、飛行機、カリキュラム、仕事の手順、将来の計画、ｅｔｃ……によって、私たちの世界の見えは構成されている。冷蔵庫が機能しない時の食生活や消費生活を空想することで、この現実世界の見えがいかに成り立っているか理解できるだろう。冷蔵庫のない世界は、頻繁に買い物に行ったり、生鮮食料品をあきらめる生活を意味する。タンパク質を摂取したければ、干物や佃煮や燻製の技法を開発し洗練させるしかない。同様に、頑丈な靴のない時のガレ場、カリキュラムのない時の学びなどを考えれば、私たちの世界の理解が具体的な何かからできていることを考えることが可能である。

このこと、つまり具体的な外界のモノ・コトで世界の意味が紡がれていることは、同時に人間の可能性でもあり、地球上の他の生き物ともっとも異なる点である。運命を可能性に改訂可能だということが私たちの特徴である。運命的なことは、さしあたりの現行のデフォルトの具体物が構成する世界の理解にすぎない、ということができる。夜の暗闇が移動を阻むことは、その昔、当時の具体物が構成する世界では運命的なことであったろう。だが、提灯やランプ、ヘッドライト、街灯、レーダー、ナビゲーションシステム、オートパイロットが、その運命を過去のものとした。こうして「宿命的」な限界をいく度も乗り越えてきたこと、現行の世界の理解を改訂し続けてきたことを、人間の基本的条件として、改めて強調しておきたい。世界の意味が改訂され続けてきたことは、「昔と違ってあれやこれやできるようになった」というユートピア的側面だけに注目しているわけではない。より悪くなることも含めて、私たちの人間のあり様の可能性を示している。この可能性は、私たちが社会文化と不可分の一体であることに起因するのである。

次に「プリクラ」というモノ、それを用いる高校生の具体的なコト、これらの生き生きとした意味と価値を検討していきたい。単なるシールプリントを「プリクラ」だと認め、蓄積や共有といった活動の対象とすることが、すでに活動の欲求となる。私たちの欲求とは、私たちの作ってきた具体的な社会と人工物の中にあるのである。

プリクラ―アイデンティティの装置

カメラ付ケータイという人工物は、写真の撮影と共有に関する私たちの行為可能性を変化させた。道具が新しい欲求を生み出した例である。カメラ付ケータイを手にしたユーザーは、例えばファストフード店で、または授業の休み時間に、友達にケータイの画面越しに「ネタ写真」を見せる。ネタ写真とは、ニュース価値のある対象の記録であり、友達や家族への非常に小さな報道活動の資源である。生活の中で見つけた興味を引く対象を、私たちはこれまで友達に口で伝えていた。「カメラを持っていたら撮ったのに！」、と思うこともしばしばだった。今やケータイを持つことはすなわちカメラを持つことであり、いつでも目についた興味深いものを撮影することができるようになったのである。そうなると、「誰かに見せよう」と他者を志向して写真を撮る、というこれまでフォト・ジャーナリストや特別な愛好家だけが持ちえた心性を、普通のひとびとがもつようになる。

技術の変化に伴う行為可能性の変化は、私たちの欲求を変化させる。

二〇〇八年現在、ケータイカメラはひとびとを小規模なフォト・ジャーナリストにしている。そしてまた明日には新しい技術が新しい実践を生み出し、そのことが当たり前だったかのように、私たちは新しい欲望をもつだろう。ケータイカメラ以前、例えば十年前には、町で興味深いものを見かけても「カメラで撮って誰かに見せよう」とは誰も思わなかったことを思い出してほしい。今当たり前になっている欲求は、過去には想像もできなかったものである。こうして人工物は私たちの欲求、欲望、プラン、意図を変化させる。つまり誰であって何をするのか、という主体性が変調する。そしてその人工物を利用する社会が当たり前になると、その変調した主体性は当たり前になり、人工物の導入に起因する特別な心性であること

は忘れられてしまうだろう。

二〇〇八年現在、少なからぬ高校生がプリクラという人工物の存在の上にだけ成り立つ、特別な欲求をもっている。それはプリクラの撮影と収集、提示、閲覧をめぐるこれまでになかったこころの持ちようである。以下に見る高校生どうしの社会関係は所与の当たり前のものではなく、プリクラというメディアとセットで成立する。プリクラの利用に関する明文化されない特有のルールが、高校生の社会関係の構築と不可分に一体化している。新しい人工物の利用に起因して発生した、新しい主体性とその社会的交渉の姿を見ることで、私たちの主体性が社会文化的な装置と不可分であることを味わってほしい。若者らしさが装置とセットになって生成される場を一緒に見ていただきたい。

図11　プリクラ・ブース

私らしさの構成要素

一般に「プリクラ」と呼ばれるプリントシール機で撮影された写真は、高校生を中心に視覚的な情報伝達手段のひとつとして確立している。プリクラが登場したのは一九九五年七月のことであり、一九九七年十月には全国に四万五千台を超えるまでに成長した。メインユーザーは高校生

図12　デザインされたプリ帳（左：高校3年生Iのプリ帳、右：高校2年生Sのプリ帳）

を中心とした十代の女性であり、広くいきわたった大衆文化と認識されている。プリクラ・ブースにて撮影され、「落書き」が加えられたプリクラは、その場でプリントアウトされる。また、撮影したプリクラをケータイに送信し、保存することも一般化している。撮影されたプリクラは、「プリ帳」と呼ばれる任意のノートに貼りためられる。それは単にプリクラを順番に貼っていくためのものではなく、図12に示すように、「その人らしさ」を表現するようデザインが施される。なお男性どうしでプリクラが利用されることはほとんどない。

　プリクラを利用する高校生の日常においても興味深い点は、彼女たちがその小さなメディアを用いて、社会関係（特に友人関係）や、自分の「社会的ステイタス」を可視化しようとしている点である。社会的ステイタスとは例えば学校やクラスの中での自分の地位だとか役割のことである。高校生は、学校の友達を中心とした社会関係における自分らしさを示す「マーカー」（際立たせるための道具）としてプリクラを用いている。プリクラやプリ帳のような物質的（マテリアル）なものに表象されて、彼女たちの自分らしさや社会的世界は維持されているのである。逆に言えば、物質的な表象なしにどうやって自分らしさやかれらの社会的世界は具体的に存在可能だろうか？

自分の同質性の感覚のことをエリクソン（一九〇二―一九九四）は「アイデンティティ」という言葉で表す。彼はアイデンティティ（ego identity）をこう定義している。

> 自分自身の斉一性と連続性の主観的感覚にして観察可能な特質であり、共有された世界像の斉一性と連続性への確信と対になって成り立つ
> （エリクソン、一九七五）

ここで興味深いことは、わたしという個人の斉一性と連続性（sameness and continuity）を、わたしのこころの中の何か抽象的なもので定義するのではなく、「観察可能な特質（an observable quality）」として定義していることである。つまりわたしが確かにわたしであるということは、感じ取れる確信ではなく観察するものだということである。そしてそうした観察は、共有された世界のイメージ（shared world image）の斉一性・連続性への確信と対になって成り立つという。つまりこの世界を確かに他のひとびとと分かち合っている感じと、自分が自分である感じがセットだというのである。わたしがわたしであることとは孤独な認識ではなく、世界の成り立ちとともにあるらしい。ここに私たちのこころの社会性が描かれているように思える。わたしがわたしであるということは、世界の中に適切に位置づくことであると。

アイデンティティは個人のこころの状態であるが、こころはこころを直接に認識できない。例えばわたしたちは自問自答することで自らのこころをのぞき込んでいるようでいて、それは自分との仮想的な対話

であり、したがって「ことば」という人工物の制約を超えて観察できているわけではない。この場合こころはことばに媒介されている。

今、実験してみて欲しい。

「次の休みの有意義な過ごし方」を、ことばを使わずに、頭の中で計画してみてもらいたい。ことばを使わないようにしてもことばが自然とわき起こり、私たちのこころが言葉にとらわれていることに気づくだろう。たとえ自分のこころであっても、こころそれ自体は観察可能ではない。それは何かに媒介されて初めて手触りをもつといえる。つまりアイデンティティのような抽象性は、自分自身にとっても抽象的でつかみどころがない。自分が斉一的で連続的であるかどうか、それは自分のこころのことであっても、放っておけば知覚できない。こころは、そのままでは自分の中の不可視な複雑さである。そのあいまいさ、複雑さは、具体的な道具立てを用いて表象され、見て聞いて触れられるようなマテリアリティ(物質性)を与えられて、初めて取り扱い可能になる。

こころという本質をマテリアルな表現形式が表象しているのか？　それとも表現形式がこころという本質を作り出しているのか？　表象か作り上げか、この鶏と卵のような問いは私たちの人間観に深く関わる重要な問だと思われる。人間のこころは表現形式と一緒に発展してきた。また表現形式はこころを表現可能なように洗練され発展してきた。言語はその代表である。つまり私たちは、私たちをそのこころまでも自分で作り上げてきたと言える。時のあけぼのから今まで、私たちの精神はマテリアルな形式とセットに発展してきたと考えられる。

高校生に出会う

これまで、家庭や街中における若者のメディア利用（例えば、前章で述べたケータイなど）に関する文化研究は蓄積されてきたが、学校や教室を中心とした高校生の日常に深く入り込んだプリクラというメディアの文化はあまり語られてこなかった。しかし、ケータイ文化同様プリクラについてもまた、高校生の日常的な実践の中で、設計者の意図を越えた独特の意味が構築されてきている。ここで重要な点は、プリクラという具体的な人工物の利用によって彼女たちのアイデンティティや社会関係が可視化されているということであろう。学校内外の友達で「自分が誰と仲が良いか」であるとか、「自分がどんな人であるのか」であるとか、そういったことがらを示すために、プリクラを撮り、プリクラをプリ帳に貼るか否かを選定する。一般に、高校生は「未成熟な存在」であることを前提にして語られる場合が多いかも知れない。しかし社会関係（主に友人関係）や、友人どうしの間におけるステイタスの構築、維持といったことがらについては、そのための洗練された緻密な特有の「スキル」を使用しているのである。

私たちは、例えばオンライン上のソーシャルネットワーキングサービス（SNS）において、誰が自分の「友達」であるかを明示する。近年のSNSを元にしたサービスでは、自分が誰と社会関係を構築しているかが一覧で表示される（図13）。

こうしたテクノロジーは友人関係を示すことにつながる。誰を友人として示すかは、青年期前期の若者にとって重要なことである。友人関係は自分の所属するコミュニティを表示し、どのような活動に参加しているか、すなわち自分がどのような人であるのかを表示することになる。このように考えると、テクノロジーを介した友人関係の表示は、自分がどんな誰であるかという情報、つまりアイデンティティの具体的表示ということとつながる。友情や人間関係は高度に人間的な何かである。高度に人間的な何かは抽象的なものでありながら、同時にマテリアリティをもつ。このことは映画や演劇、文学作品において友情を表現することを考えると分かりよい。友情、恋愛、敵対関係などといった二者以上の関係は、身体の向き、視線、ことば遣い、服装、場所、時間、小道具で示される。それどころかそうしたマテリアルでしか示すことができない。人間関係とは、目に見え聞こえ知覚可能な具体性のマネジメントによって表現される抽象である。同じことはプリクラにもいえる。以下では、プリクラがどのように高校生にとっての友人関係をマネジメントする存在であるのかについて、筆者らが実施したインタビューや観察データから検

図 13　SNS 上で可視になる友人関係（facebook）

討していきたい。

プリクラ利用に関する調査は、二〇〇六年から二〇〇八年にかけて行われた。高校生に実際のプリクラやプリ帳を見せてもらいながら半構造化インタビューやシャドウイング（同行調査）を実施した。半構造化面接とは、質問事項はあらかじめ設定しておくものの、そこから脱線しても許容し、またインタビュー中に得られた興味についてもその都度質問するインタビュー方略である。

インタビューを実施する前に、プリクラがどのように利用されているかを大まかに把握するために、渋谷、吉祥寺、横浜といったエリアのゲームセンターやプリクラ専門のショップで、三日間、時間帯を変えながらフィールドリサーチを行った。プリクラ・ブースが設置してある店には若者、特に女子のグループが多い。まちがいなく中年の筆者らは非常に浮いた存在であったろう。そこでプリクラを利用したひとびとに対して簡単なスポットインタビューも試みた。ほとんどの場合無視をされたが、そもそも場にそぐわない調査者である、それも当然であろう。

その後、十五名の中学生、高校生、大学生に対して、ファミリーレストランやファストフード店などで半構造化インタビューを行い、可能な場合は一緒にプリクラ・ブースで撮影する様子を観察させてもらった。調査対象者の内訳は、女子中学生一名（十五歳）、女子高校生十名（十六歳―十八歳）、男子高校生一名（十六歳）、女子大学生二名（十八歳―二十歳）、男子大学生一名（二十歳）である。全員東京都か神奈川県在住で通学先も東京都もしくは神奈川県である。インタビューは、プリ帳や「プリ缶」（プリ帳などに貼らずに、友達との交換用に用いる余ったプリクラを入れておくケースの総称）の中のプリクラを見せてもらいながら進められた。

記憶するプリクラ

K：これはサッカーの応援に行った時で。あと変な格好してる時は絶対撮ってた。スタジアム行くバスに乗る前に、どこだ？　渋谷だ。埼玉スタジアムに行く前にプリクラを撮りたいから、早めに渋谷で待ち合わせて、撮った。
――それはなんで？　サッカーのイベントだからってこと？
K：ユニフォーム着ていたのが大きかったよね。

〔K、女性、大学一年生、十八歳〕

プリクラの撮影と、デジタルカメラやカメラ付ケータイによる写真の撮影とは様相が異なる。プリクラはゲームセンターなどの特定の場所で利用可能な「ロケーション・ベース」の遊びであり、当然ながらユーザーはプリクラ・ブースのある場所でしか撮影できない。これは、前章で見てきたような、日常的にネタ写真を撮影するカメラ付ケータイの使い方とは異なってくる。また、プリクラは一人で利用されることはなく、多くの場合誰かと一緒に利用される。プリクラ撮影は友達との遊びの一局面であり、プリクラを撮るためだけにプリクラ・ブースに足を向けることは少ない。すなわちプリクラ撮影の前後には、先のインタビューの断片にあるように、「サッカー観戦に行く」、「友達と映画を観た」、「学校のテストが終わった帰り道」、「初めて（その友達と）遊んだ」などといった状況、文脈が存在する。よって、この小さな写真には、誰かと一緒にいて活動した記憶・記録を想起するものが記録されているのである。

撮ったプリクラにその場で「落書き」ができることも重要である。ユーザーは、プリクラ・ブースにて撮影を終えた後、ブース側面にある落書き用のディスプレイとタッチペンが備え付けられた場所へと移動する。そこで、一緒に撮った友達と協同的に落書きを書き加えることもまた、遊びの記憶の想起を助ける。例えば、「テストが終わったから」プリクラを撮影しに来て、「おわったぜい」と書き込む例などはよく観察される。また、高校生の大半がプリクラ画像をケータイに送信したことがあるようだ。落書き後にケータイのメールアドレスを入力すると、その指定したアドレスに撮影した写真を送信することが可能なのである。プリクラ・ブースからケータイに写真を送信することはすでに定着した実践であり、プリクラはプリ帳とともにケータイにもストレージされていく。

プリ帳やケータイに保存されたプリクラは日常的に持ち歩かれる。それは単に写真を持ち歩いているだけではなく、プリクラの背後にある記憶や撮影日の状況を持ち歩いているともいえるだろう。インタビューの対象者たちは、どのプリクラであれ、その日がどのような活動をした日であるのかそれほど迷わず回答することができた。ここで興味深いことは、友人との遊びの記憶がプリクラを介して保管されているこ

図 14　プリクラ・ブースの落書き用ディスプレイとタッチペン

とである。先に述べたように、心理学における伝統的な記憶研究においては、日常とはかけ離れた人工的な課題が記憶課題として設定されていた。しかし生活者としての人間は、紙やペン、機器など、記憶のためにさまざまな工夫と道具を用いる存在である。高校生もまた、彼女たちの遊びの記憶をプリクラという人工物＝メディアとセットで行っている。高校生たちにとって友人と遊ぶことは重要な日常の実践であり、記憶すべき事柄なのだろう。その遊びの記憶を円滑に行うためにも、プリクラやプリ帳のような道具立てを整えていると考えることができる。逆にこうした人工物があるので、記録が欲望されているとも言える。

加えて、彼女たちは友人との遊びの記憶を持ち歩くと同時に、記憶を他者と共有する。プリ帳やケータイに蓄積されたプリクラは、友人とのコミュニケーションの際にも用いられる。筆者らのインタビューにこたえた調査対象者の中には、友人と遊ぶ時はケータイを二台持ち歩いている人もいた。彼女はケータイの機種変更をしたのだが、ケータイのメモリカードの規格が異なるせいでデータの移行ができなかったという。そのため友達と会う時は古いケータイと機種変更後のケータイを二台持ち歩き、時折古いケータイに蓄積されたプリクラ画像を画面に表示して友達に見せていると述べた。このように、プリクラは自分の日常的な生活の記憶を外在化するメディアでもある。

プリクラ越しの友人関係

これまでプリクラという人工物＝メディアを用いた記憶の外在化について見てきたが、日常生活の記憶の表現は、自分がどのような人であるか、自分がどのような人とのつながりに生きているかということを示す。すなわちプリクラは友人関係を示すことにもつながる。プリクラには、自分が誰と一緒にいて、何をしていて、何を感じたかといったことがらが表現される。だから、どのプリクラをプリ帳に貼るかということによって、他者にどんな自分を見せるのかということをマネジメントすることが可能となる。プリクラはプリ帳に貼られていくが、このプリ帳は、自分に対する印象や友人関係を管理するという、きわめて主体的なことがらのマネジメントを可能にするツールとなっているのである。このことは、以下のインタビュー断片にも示されている。

図 15　携帯電話に保存されたプリクラ
（N、女性、高校 3 年生、18 歳）

――どのくらい仲良しだと、プリ帳見せてってなるんだろう。

K：別に、そんな仲良くなくても、例えば初めて同じクラスになった人とかでも、（プリクラ）ちょうだいとかいうし、仲良くなるきっかけだよね。

――プリ帳を見ている時に、「あ、この子はこんな子と仲がいいんだ」って見たりする？

K：あー。見ますね。なんか、この子いっぱいいるね、っていうのを見たりする。○○さんがいっぱいいでてくるけど、ちょくちょく△△も出てくるねとかね。

［K、女性、高校二年生、十六歳］

例えばある調査対象者（女子高校生）は、「初プリ」（初めてその相手とプリクラを撮ること）の時は、「なかよしー」といったような落書きを加えると述べる。この明示的な落書きを通して、「友人関係にあること」を双方にとって可視的にするのである。なお初プリ以降は、「なかよしー」のような友人関係の深度を示す文言をわざわざ書き込むことはまれである。

また、特に彼氏とのプリクラや男性と出かけた時のプリクラの取り扱いは、女性どうしで写っているものとは大きく異なる。自分の彼氏と撮影したプリクラを自分のプリ帳に貼ったり、友人にあげて共有したりする例はそれほど多くない。異性との関係を可視的にするプリクラは一般に共有の対象にはならない。しかしそのために、例えば異性と撮影したプリクラが共有されたりすることは、以下のインタビューにもあるように、友人関係の深化を示すことにもなるようである。通常は自宅に秘匿されるプリクラを共有することで、その相手との「友達関係の度合い」を社会的に表示するのである。このように、プリクラの撮影・共有という実践は、友人関係の深度を示す装置ともなる。それは、社会的にアイデンティティを表示する複雑で洗練されたスキルなのである。

――例えば彼氏の写真とか。そういうのは貼らないですね。
A：見せられないのは貼らない。……普通に家の引き出しの中に持ってます。友達だと、彼氏のプリ缶と、友達のプリ缶と分けている子がいる。
――彼氏とのプリ缶は持ってこない？
A：持ってきても、仲のいい子にしか渡さない。
――で、「貼らないで」とか言われる？
A：「しばらく貼らないで」とか言われることもある。「貼っていい？」って聞くよね。
――彼氏の写真をもらえるということは、結構友達の度合いも高いってことですか？
A：そうかもしれないね。撮ったら一番に頂戴とか、そういう話はしますよ。

〔A、女性、高校二年生、十七歳〕

高校生は、先の図12にあるようなプリ帳の「見た目」のデザインをするのと同時に、誰が写っているプリクラを自分のプリ帳に貼るかについてもコントロールする。どの人が、どの人と写っているプリクラを、どのように貼るか、は友人ネットワークの可視化につながる。プリ帳を見る時の話題の中心も、おもには友人ネットワークに関するものとなる。例えばプリ帳が共有されることで、共通の「地元の友達」(インタビューではよく「元中」の友達(中学時代の友達)という表現が用いられた)の存在が確認され、そこからコミュニケーションが膨らむ。高校生の調査協力者の何人かは、高校入学後も中学の同級生との関係が維持され、一緒に遊ぶたびに撮るプリクラの果たす役割の重要性を指摘した。「元中」の友達とプリクラを撮ることは、彼女たちとの友人関係が継続していることを示すことになる。このように、プリクラは友人ネットワークの可視化とともに、関係維持のテクノロジーとなっている。

「友人であること」を実践する

このように、高校生にとってプリクラを撮影・共有し続けることは、友人関係の網の目に生き続けるための重要な方略のひとつとなっている。プリクラというメディアを利用することで、自分の友人との関係や序列を他者に表示し、その中で自分が誰であるのかということを明示している。高校生のしていることだけを見れば、プリクラの取得や閲覧や交換といったミクロな行為群にすぎない。しかし、誰と撮るのか、撮ったものをどのように取り扱うのか、そういった非常に具体的なことが友人関係という抽象度の高い事象の下支えになっているのである。プリ帳を共有できなければ友人関係を維持できないわけではない。だがプリクラという人工物を用いたコミュニケーションのルールを違えれば、二〇〇八年の高校生の友情はうまく示されないのである。

友情とは何か、辞書的に定義することもできる。しかし辞書的な定義を知っていても、友情を実践することはできない。「友情を実践する」などという表現はあまりに即物的で、友情の語意になじまないかも知れない。だが友情を実践する手続きを知らなければ、友情を示すことができないのも事実である。その文学的、哲学的、心理的側面はさておき、友達であることは、目に見え耳に聞こえるような具体性で成立している。いくらこころで強く友情を感じていても、目に見える実践が相伴わなければ、それは疑わしくなる。このことのデモンストレーションはたやすい。挨拶をしない、目を合わせない、敬語で話す、本を借りるのに借用書を書く、これらの行為のどれをとっても、友達はあなたの友情に疑問を感じるだろう。逆に言えば、友達であるという大事な心性は、おはようということ（電車で隣り合わせた人にはしないことに注意）、目を見て話すこと（相席のテーブルで対面の見知らぬ人の目は見ないことに注意）、気楽な口調で話すこと（取引先の人とは敬語で話すことに注意）、ありがとうといって本を借りること（身近な仲ではものの貸し借りに借用書は書かないことに注意）、などの目に見え耳に聞こえる観察可能な一連の些末な行為でしか示されることはない。友情も恋愛も、相手への敬意も、怒りも謝罪も、こころの深奥のさまざまの思いは、特定のふさわしい表現形式を媒介としてしか、他者に伝わらない。特に宗教上の敬虔を示す際や、外交上敬意を示すために、私たちは典礼（プロトコル）と呼ばれる特定の手続きを定めてきた。おもいおもいの祈り方では神への敬虔は示せないし、相手に理解できない儀礼では敬意は示せない。注意しておきたいのだが、だからといって、プロトコルを履行すればそうした心根がわき起こる、というわけではもちろんない。

他者との社会関係の構築は私たち社会的動物にとって本質的なことがらと思われる。こうしたことも人工物＝メディア抜きには語れない。プリクラのやりとりという単なる人工物の移動に、主体の感情が投影され、喜んだり、驚いたり、訝しんだり、妬んだりする。ゲームの駒を動かすようにプリクラを取り扱う高校生の姿は、手続き的にも見える。しかしその手続き的な人工物の利用プロトコルが示すのは、人工的なものではなく、きわめて生々しい友情なる心性そのものである。年長の読者にはなじみのない、異国の奇習と変わらないようなプリクラの「貿易」も、当事者にとってはこころの深奥を社会的に表示するためのきわめて重大な手続きである。友情のゲームは単なる手続きではない。そのことで泣いたり笑ったり怒ったりするような、少女たちのこころの複雑さを成立させる構成要素である。

社会的ステイタスの可視化

最後に、高校生がプリクラやプリ帳を介して友人ネットワークを可視化しながら、同時に友人間やグループ内における自身の「社会的ステイタス」を高めようとしている点について言及しようと思う。彼女たちがプリクラやプリ帳をデザインする目的は、蓄積のためだけではない。プリ帳はさまざまな（プリクラ以外の）素材も組み合わせユニークさを志向しながらデザインされる。プリ帳はプリクラを規則正しく貼っていくものではなく、雑誌の切り抜きや映画のチケット、チラシなどといったさまざまなメディアとのコラージュによって構成される。

Ｉ：その日に観た映画のチラシとかを貼って、それに撮ったプリクラを貼りました。他の人の目に触れるので、何か面白かったり、他の人とは違うようにしようと考えます。
［Ｉ、女性、高校三年生、十七歳］

Ｙ：プリ帳に雑誌の切り抜きを貼っています。こういうのがうける感じ。みんな「かわいいー」って言いますので。もうプリクラ（を単に貼る）だけではダメなんですよね。結構厳しい文化ですね。やっている時は楽しいのですが。
［Ｙ、女性、高校二年生、十六歳］

プリクラは、高校生であればほとんどの人が消費し、所有しているメディアである。そのようなメディアを用いて他者との差異を作り出すことは非常に難しい。よって彼女たちは、プリクラの可能性を増幅し拡張しようと努力する。自分たちの規則で，自分たちの利益にかなうようにこまごまとした変化を加える「ブリコラージュ」（器用仕事：さまざまなものを寄せ集めて別のものを作ったり、あるモノがもともと持っている意味や用途とは違うことのために再編すること）である。ブリコラージュされたプリクラやプリ帳といった所有物は、彼女たちのユニークさを示す「拡張された自己」となる。そのためにプリクラ撮影時に「変顔《へんがお》」をしたり、服装や姿勢に変化をつける。さらには、他者との差異化をはかるために、例えば部活動の先輩や学校以外のグループのような、同学年のグループとは異なる人たちがどのようにプリクラを撮影しているかに興味を持つ。そして、他コミュニティの文化を伝搬し、学習する。友人関係において差異化を実現するために、他のコミュニティに越境してユニークなプリクラ撮影手法やプリ帳のデザインを学習するのである。

より個性的なプリクラやプリ帳は友達の間で流通することが予測され、他のより一般的なプリクラとの差異化をはかることができる。他者があまりやらないようなプリクラの使い方やプリ帳のデザインをすることで他の友達からの評価を受けた場合、それは自分自身の社会的ステイタスの形成へとつながる。より個性的なプリクラやプリ帳を作成することは、友人間における優位性と関連すると考えられるのである。

これまで見てきたように、高校生は、プリクラ文化に参与することで友人との同質性を保ちつつ、一方で友人との差異を生み出すために撮影時にも工夫し、他のコミュニティの手法を学習したりする。学習された「ユニークなプリクラやプリ帳」の手法は、グループやコミュニティに広く増殖していく。「ステイタスシンボル」となりうるようなユニークなプリクラやプリ帳は、他の人の目に触れる機会も多い。その結果、一時ユニークと見なされたプリクラの撮影手法やプリ帳のデザインは、ある種スタンダードとなり、同質性をより強固にすることにつながっていく。ただし、「ユニークさ」は絶対的なものではなく、誰かがグループにおいてより興味深いものを提示すれば、その人気に取って代わる。こうして、プリクラやプリ帳を通して他者と差異化しようとする行為は、その後も間断なく続き常にアップデートされていくことになる。

これまで見てきたように、友人関係や友人間における「社会的ステイタス」には、プリクラのような人工物＝メディアとの関係が作用している。これは先に見たケータイの利用でも同じことである。高校生にとってはあまりに日常的な人工物であるが、そのきわめて具体的な人工物の、きわめて具体的な利用の実際が、友人関係という抽象度の高いことがらの下支えとなっているのである。

男の子って何でできてる？

マザーグスの詩、What are little boys made of ?（男の子って何でできているの？）はこうした人間のあり様の具体性を象徴するように思える。

What are little boys made of ?
What are little boys made of ?
Frogs and snails
And puppy-dogs' tails,
That's what little boys are made of.

What are little girls made of?

What are little girls made of?
Sugar and spice
And all that's nice,
That's what little girls are made of.

今日的な友人関係は何からできているのか？　それはプリクラだったりプリ帳だったりケータイのメールだったり、そういうものからできている。友人関係に付随する寂しさ、楽しさ、または他者を出し抜いて社会的ステイタスを得ること、こういった主体的なことがらは、人工物の一定の手続き的利用を通して達成される。重要な点は、ドライに見える手続き的なことの集合が、私たちのエモーショナル（感情的、情緒的）な部分と不可分であることである。このこころの複雑さを、生まれつきの身体の仕組みに還元することは難しい。自然の玄妙さに回収することは無理である。人間の作り上げてきた典礼なしにこころは示すことができず、そのことを誰よりも私たちがよく知って注意しているのだから。この典礼は典礼を履行するためのゲームではない。感情を行き交わせるための生々しい情動のゲームである。それは手続きにすぎないが、しかしたっぷりと情動的なのである。人間は自然から生まれたが、しかし人間でいられるのは自分たちの日々の営為のせいである。少女たちの人生の複雑さが何からできているか。プリクラやケータイやSNS、そういった人工物の利用の典礼からである。

空っぽの世界を意味で満たす

フィールドは、フィールドと見なされる以前は、空っぽの世界である。フィールドの可能性であり、「原フィールド」とでも言えよう。空っぽの世界は、ただの名づけられない空間や時間、装置や制度。それは可能性であり、素材であり、資源であるが、いまだそのいずれでもない。

必要な人工物が配置され、ひとびとが集まり、意味と価値が満ち、実践が行われ、活動によってこの空っぽの世界が動き出すと、そこはフィールドになる。例えば誰もいない教室は、空っぽの世界である。それは一般に教育のための装置であり、制度であるが、教室の使われ方は常にオープンで、教室らしく使われることも可能性にすぎず、投票会場や待合室になることもありうる。そこに授業のような相互行為が始まり、ふいに空っぽの世界は歴史を帯び（公共的な意味とリンクし）、文化をもち、社会的になる。

逆に言えば、生き生きとしたフィールドも、人間がその活動で灯を入れなければ、真空のような空っぽの世界にすぎない。教室も劇場も市場も野球場も、空っぽになった時を見れば、「夏草や兵どもが夢の跡」の句意が示すような空っぽさを見せるだけである。

まったく空っぽだった世界に、意味が満ち、そこがフィールドとして生き生きと可視的になることが、人間の社会の基本的条件である。世界の意味があらかじめ所与なのでなく、活動と意味が相補的にお互いを招き、維持し合っていることに特徴がある。特定の空間や装置だから、特定の制度だから、特定の活動を必ず引き起こすわけではない。その場がどのような社会秩序として達成されるかという可能性は、常に相互行為の中にオープンになっている。逆に言えば、相互行為によって、こうした空っぽさは何とかその場その場で埋められ、ある意味が達成されているのだといえる。

何も秩序のない状態から、「友人」や「家族」や「恋人」、「医療」や「教育」や「商売」を、どうやって成り立たすことができるかその方法を考えてみてほしい。具体的にその場の実践と人工物を想定してみてほしい。例えば「友情」とはいかに成立可能か。それをルールや道具、行為といった具体的なもので設計するのである。映画監督は、友人ではない二人をルールや道具や行為だけで観客の目から友人どうしに見えるように仕立て上げる。そのためには具体的な意味の達成のプロセスが必要となるだろう。それは交渉することなしに維持される秩序とは言えない。友達、とラベルを貼ったから友達に見えるわけではない。不断の相互行為で維持されているのであり、その行為が途絶えることで秩序も途絶えうる。相互行為であるがゆえ、「外から」も見える。その同じ理屈で永続的ではない。例えば「児童生徒」が立ち歩くことで、その場は「授業」には見えなくなる、または「休み時間」に見えたり、「崩壊」して見える場合もあるだろう。だからといって、日々私たちが経験するのはそうした方法論的な達成の過程ではなく、もちろん、現実的な秩序そのものである。

以上のように、空っぽの世界が活動で満ち、生き生きと動き出すことが、人間の世界の特徴であろう。秩序が始まって、維持されていき、その社会秩序がまた実践を招く構造にある。つまり、フィールドとはひととモノ・コトの相互行為にもとづく意味の交渉のプロセスである。もちろん自然的態度で世界と向き合う私たち行為者には、具体的な「場所」「空間」「組織」「集団」、ｅｔｃ……として経験されるが、それは相互行為の中でようやく現前することである。

フィールドを生きること・眺めることは、その場のひと・モノ・コトと意味を紡ぎ合っていくことである。フィールドを離れて意味はなく、また意味の交渉こそが私たちにとって現前するフィールドである。フィールドとは具体的に知覚されるもの、と上述したが、今改めて意味の交渉であると言い直すことで、その具体性・安定性・現実性が、参与者の不断の相互行為で維持されているものであることを再強調したいのである。

さらに、こうしたフィールドには、意味と価値を帯びた具体的な活動の対象がちりばめられて見える。活動の対象は、交渉されることで現前し参照可能となる交渉された意味（地位／状態／作業／経験／知恵／ｅｔｃ……）と考えられる。活動の対象は、コミュニティの実践と不可分に一体化している概念で、コミュニティの実践によって実体のある概念となり、その概念を共有することでコミュニティの実践が成り立っている。それは非参与者にとっては共有されていない、参与者にとっての現実である。

本書の目的は、相互行為の分析の中で、単なる相互行為として回収されてしまう「参与者の現実」を議論の中に回復していくことである。単なる相互行為とはこれまで見てきたような、珈琲店で円滑な作業をするための認知戦略であったり、高校生が「友達関係」という現実をプリクラというメディアとともにアレンジしたりするということである。または次に見ていく「腐女子」というアイデンティティのマネジメントであったり、「童貞」という構築された概念の与える影響だったりということである。

いずれのフィールドにおいても、参与者は相互行為のプロセスを見るのではない。具体的な現実を経験している。現実に忠実なひとびとにとって、現実は所与であり、その作り上げのプロセスは目に見えない。活動への参与者のまなざしは、現実の作り上げを見るのではなく、作り上がった現実を見る。そこここに具体的な手がかり、参照物、媒介物が配置されたフィールドを、かれらは生きている。本書では、日常のフィールドにおける研究から、意味が交渉されることのそのダイナミズムを示そうと思う。空っぽの世界が、意味と価値で満ちていくことを示していきたい。これから示すものは私たち自身の当たり前で疑うこともない現実の、構造は同じだが表現の異なる別のバージョンの物語であると考えて良いと思う。

サブカルチャーにダイブ

ここでは、いわゆるオタクと呼ばれるひとびとの中でも、特に女性のオタクを対象とし、かれらの文化的実践を取り上げる。女性のオタクは自らを自嘲的に「腐女子《ふじょし》」と呼称する。以下ではかれらの呼び名としてこれを採用する。

門外漢にとっては風変わりなかれらの実践が、しかし歴史を帯びていて社会文化的であり、単なる突飛な誰かの独創ではないことを示したい。かれらの実践は初めて見る目にはきわめて奇妙である。具体的な活動の形態も、その価値観も、関わりのないものには異文化の奇習のような文化人類学的遠方(?)にある。この「腐女子」というラベリングすら、無関与なものには読み方も分からないほど遠く、どんなひとびとを内包するか想像もつかないほど狭い。

そんなサブカルチャーをなぜ取り上げるのか。それはすべてが奇異で特異だからである。そのことがとても重要である。日常は空気のように当たり前で身近で、かえってその成り立ちの仕組みを隠してしまう。日常の実践では、ほとんどの場合私たちの身体は、熟考にもとづくというよりは衝動に従い、なかば勝手に行為している。そうした文化的衝動の例を見てみよう。

例えば、歴史的に新しい行為X。私たちは食後や就寝前に、当たり前のように衝動的に行為Xをする。行為Xのためのさまざまの市販ツールが一大マーケットを形成している。専門の研究機関や理論、教授法、果ては恐怖の効用でハビトゥス(慣習的実践)化させるための画像、親が子に言う脅し文句があり、あの手この手で行為Xはいまや私たちの日常である。小さい時から行為Xが家庭や学校で励行されてきたのだ。私たちは「行為Xの後だから」といって勧められた食べ物を断ったりする。「行為Xをしないと気持ち悪い」という感じまで抱くのである。行為Xをしないと現れ、跳梁跋扈《ばっこ》し、害をなす小型の悪魔のようなシンボルまで文化的に共有している。さて、お分かりだろうか、行為Xは歯磨きである。

この当たり前は時代と文化が異なればまったく当たり前ではない。差し出された甘いお菓子を断る理由として、「もう歯を磨いたから」という理由はいつでもどこでも相手に通じるとは限らない。しかし当たり前とする文化の中では、その当たり前さがいかに維持されているかは見えにくい。透明な衝動として私たちの行為の日常性を作ってしまっているのである。身の回りのことだとかえってメンバーが世界をどう捉え、何を見て何に価値をおいて、何を行っているのか、そうしたことが分からない。それゆえ、私たちはサブカルチャーに向かったのである。与えられた世界を生きる文化的衝動の影響下にあるひとびとの姿ではなく、積極的に世界の意味と価値を生み出している時の人間の姿を記述したいのである。

腐女子の実践をひとつの「文化」として捉え、これが腐女子たち自身によって、時に長い歴史をかけて創出されて維持されつつあるものであることを示そう。歯磨きに比べれば規模は小さいが、しかし誰かの孤独な独創ではない。誰かの孤独な独創は日々生まれ消えていくが、それは私たちの世界の見え方に影響しない。複数のひとびとの衝動となり身体を行為させるには、それを支える集合的な活動のネットワーク、つまり文化が必要である。

文化を定義する

「文化」や「文化的実践」に関わる定義は多々あるが、ここではまず、佐伯（一九八三）による定義を示す。佐伯は、人間を自分たちの生活を「より良くしたい」と願うものとして前提する。そして、そのために、以下のような四つの活動を行っているとする。

（1）「よい」とは本来どういうことなのかをさぐる（価値の発見）
（2）「よい」とする価値を共有しようとする（価値の共有）
（3）「よい」とされるものごとを作り出す（価値の生産）
（4）「よい」とされるものごとを多く残したり広めたりする技術を開発する（価値の普及）

佐伯は、このような人間の営みによって生み出されるものごとを「文化」と呼び、（1）～（4）のような人間の活動を「文化的実践」と呼んでいる（佐伯、一九八三）。

ここで重要なことは、私たちが、自分の参与する集合的活動のコミュニティに特有の意味や価値を生産し、それを共有しようとする存在であることだ。サッカークラブであれ、学校の活動であれ、行政の事業であれ、心理学の研究であれ、私たちはそれに所属する限り、当該の集合的活動にとって意味のある技術や人工物を創り出し、その人工物によって再構成された世界を生きることになる。こうしたことに関してマイケル・コール（一九九六）は以下のように述べる。

道具を使用しつくることに加えて、人間は、後続の世代が、すでに作成された道具を再発見するよう備える。文化的存在になること、他者が文化的存在になるよう準備することは、文化化（enculturation）と呼ばれる単一の過程と緊密に結びついている部分である。（……）この視点から見れば、文化は、その歴史的な経験の行程で社会的集団によって蓄積された人工物の全集合体として理解することができる。その総体において、ある集団の蓄積された人工物、文化は、次に、人間の種に固有な発達の媒体と見なされる。それは「現在の歴史」である。その媒体内で発達し、次の世代でそれらが再生産されるように備える能力が、私たち人類の種に特殊な特徴なのである。

（コール、一九九六）

通常、人間の文化は後戻りをしない。今まで築き上げたものの上に次代を築いていくものである。オリンピックの記録がしょっちゅう更新されることの理由はここにある。先達の作ってきた練習法やテクニック、理論、ウェアやシューズなどの道具、そうしたものの蓄積の上に、新しい世代はスタートするのである。全地球的な天変地異のようなよほどのことがない限り、すべてがゼロになるまでリセットされることはない。私たちは、ある実践に参加することで、それまで文化的実践をなしてきたひとびとが蓄積した文化を再発見・経験し、かれらが準備してきた人工物を用いる。実践し始めることは、ただ日常的に特定の行為をなすこととは違う。その実践をするひとびとに仲間入りし、「初心者」になることである。私たちの実践はそうして水路づけられ、私たちもまた文化的実践をなす文化的存在として社会的集団の一員となる。

心理学という文化的実践

例えば、心理学を専攻する学生にとっての「統計」や「実験」は文化的実践のひとつである。学習者は必要な統計処理や実験の方法を一からすべて編み出すわけではない。心理学において統計学的な手法や実験は重要な研究手段として確立しているのである。しかしこの統計や実験の意味は、「心理学統計法」や「心理学基礎実験」の講義を受けているだけではなかなか理解しにくい。先行研究を読みあさり、自分で「質問紙（アンケート）」を作成し、自分で実験をデザインし、得られたデータを入力し、分析することで、心理学における統計や実験の意味が徐々に分かってくるだろう。統計的手法や心理学実験は心理学的研究の信頼性や妥当性を保証する文化的ツールであり、心理学的研究を公表する際の欠くことのできないアイテムとなる。また、他の誰かの研究にある実験手法や、他者によって利用された統計手法や、他者によって見いだされた統計結果も常に再解釈され、実験や統計の利用法を維持し洗練させる原動力となる。この一連の過程は、心理学研究という文化的実践に参与して、実際に統計や実験を用いる文化に埋め込まれた状態でなければ理解できない。

こうして心理学研究における心理学統計という、他の誰かによる文化的実践の歴史的な蓄積を、自らの心理学研究の中で再編していくことは、文化や人工物の「専有（appropriation）」である。専有とは他者や文化に属する何かあるものを取り入れ、それを自分のものとする過程のことを指す（ワーチ、一九九八）。appropriateという英語は「私用に供する」とか「着服する」という意味であり、他人のものを自分のものにすることを指す。心理学統計を専有することは、漫然と心理学統計の授業を聴講している状態とは大きく異なる。自分の皮膚の外にある知恵を、自分のものとして内蔵するのである。専有によって、私たちは心理学研究を統計越しに見ることができるようになるだろう。どのような統計手法の可能性があるかを専有していれば、実験計画や質問紙の作り方も影響を受けるだろうし、計画そのものも透明になってくる。心理学研究の現実の見え方が変わる瞬間であり、心理学における文化的存在、つまりかれらの仲間になる瞬間である。

文化的実践は、あらゆる集合的活動に見られる。心理学のような学問だけの特別なことではもちろんない。もっと身近な、例えば恋愛のような日常的な実践でも言えるだろう。「薬指に指輪をつける」「他の異性と親密にならない」「メールをすぐ返信する」などといったことがらは、私たちの文化においては当たり前に共有された恋愛の実践である。文化の中に埋め込まれた知恵や手段を、自分のものとして専有することで、こうした実践は再生産され、例えば恋愛は見知らぬ行為の組み合わせではなく、当人たちからも第三者からも明らかに恋愛に見えるのである。

以上のように、人間は文化を受け継ぎ、洗練させ、再生産させている。新参者が参加し、日々実践することが、このサイクルのエネルギーとなっている。歯磨きが誰かの孤独な独創ならば、それはすでに消えてしまっていただろう。しかし歯磨きは歴史的に新しい実践として、参加するメンバーを増加させ、そのことで大げさに言えば世界をデザインした。人工物を用いて、歴史的に新しい行為の対象として世界を組み替えていく。行為の対象として対象化されているということは、とりもなおさず、そう対象化するような人工物を用いて、そう対象化することで初めて果たすことができるような動機をもつことである。歯ブラシを持つことは、歴史的に新しい歯に向かうことである。それはもはや素朴な身体の一部としての歯ではなく、新しい口腔ケアの対象としての歯である。私たちは歯磨き以前のひとびととは異なって歯を認識する。異なった動機をもって歯に向かう。こうした道具を介した対象と動機の相互作用として、私たちはあり、そして私たちの向き合う世界はあると考えられる。

腐女子の文化を見る

以上見てきたことは、ここで言及する腐女子の文化でも同様に見られる。腐女子文化は大半の読者にとって馴染みが薄いであろうが、そうであるからこそ、身近なことでは見にくかったことが見えやすくなる。先に示した佐伯の文化的実践の四つのフェーズや、コールのいう文化化の過程といったものをかれらの実践の中に捉えることができるだろう。最初に、コスプレを愛好するひとびとの文化的実践を対象にし、次に、男性どうしのホモ・セクシュアルが描かれた「ヤオイ同人誌」を愛好するひとびとの文化的実践について記述する。なお、同人誌を執筆したり消費したりしつつコスプレも行う腐女子も少なくなく、両者は明確に区分けされるものではない。同人誌の読み方や、同人誌を好む人どうしの語り方には、文化的に共有された独特のプロトコル（典礼）がある。同様に、コスプレイヤーの間にも、コスプレという文化を構成するための協約されたルールやマナーがある。その具体例を示していくことで、腐女子にとって、腐女子文化があるがまだ与えられたものではないことを示そう。さらに言えば、腐女子の側から腐女子文化の成り立ちを示そうと思う。同人誌文化やコスプレ文化を成り立たせるためには、そこに参与するひとびと特有の制度の工夫や、考え方・認識の共有が重要となってくる。この点を具体的なインタビュー事例などを参照しながら示していくことで、文化とは参与者が自分たちでデザインするものであることを示したい。

コスプレ文化に参加する

「コスプレ」はひとつのサブカルチャーであり、趣味的集団と見なされる。主にアニメやマンガ、ゲームなどの登場人物に扮するこの実践は、今日では洋の東西を問わず行われている。「コスプレ」とはコスチューム・プレイ（costume play）の略称である。もともとは衣装や扮装が重要となる時代物の演劇や映画、またその衣装や扮装を身につけて行う舞台や稽古のことを指す。日本においては、七十年代より主にアニメなどのキャラクターに扮することを示す語として一般化してきた。

筆者らが初めてコスプレに触れたのは二〇〇四年の夏だった。学部生がコスプレを卒論の研究テーマにすると言ったのがそのきっかけである。水先案内人となってくれた彼女もまた「コスプレイヤー」であった。コスプレ・イベント会場に足を踏み入れた筆者らは、『ナルト』や『機動戦士ガンダム』等々の多種多様な作品の登場人物を、きわめて忠実に再現したひとびとの姿に驚かされた。しかもコスプレイヤーに話を聞けば、コスチュームの多くは布を買い求め自分で作ったという。なるべく経済的コストをかけないように、また、そもそも市場で入手できない衣装のために自作するとのことだった。とは言え、カツラ（ウィッグ）から小物までもが精巧で、とてもアマチュアの作品とは思えなかった。

コスプレイヤーの大半は女性で、大学生や（おもに二十代の）社会人など、他に本業をもっている普通のひとびとである。コスプレはあくまで趣味で、それだけに時間を割いているわけではない。しかし、イベント前には寝食を忘れてコスチュームの製作に没頭したりもする。それも、作り方のお手本やマニュアル、洋裁に不可欠な「型紙」もない中で。イベントに参加したひとびとは、皆活き活きと至極楽しそうにお互い写真を撮り合う。このようなイベントが毎週末必ずといっていいほど、遊園地やイベント会場で開催されているのである。

今日のコスプレ・イベントは商業的なものを除けば以下のように大別できる。それは（1）コミックマーケット（通称コミケ）など同人誌即売会におけるイベント、（2）コスプレ限定のイベント、（3）個人コスプレ撮影会の三つである。最大のイベントは年に二回（八月中旬と十二月下旬）開催されるコミケ（コミックマーケット）である。これは株式会社コミケットが主催する四十年以上続く大規模な同人誌即売会である。東京ビッグサイトをすべて貸し切った状態で、三日間開催される場合が多い。コミックマーケットの前身のコミケット第一回は一九七五年十二月二一日に開催されており、参加者数は推定七〇〇人であった。現在の参加者数はのべ四十万人にも上る。株式会社コミケットによって正式発表されている入場者概数とコスプレ参加者数（コスプレイヤー専用の更衣室を利用した人数）を見ると、二〇〇六年八月のコミックマーケット七十の場合、入場者数が三日間で約四三万人、そのうちコスプレイヤーの概数は女性が一〇、二八〇人、男性が二、一七〇人であった。コミックマーケットというイベントや場はオタクにとっていわば「聖地」であるため、ここでのコスプレ参加人数ももっとも多いものとなる。

コスプレが可能な同人誌即売会のようなイベントはコミケだけに限られない。他にもコミックシティのような同人誌即売会、ワンダーフェスティバルのようなガレージキットの展示即売会、または東京都内でも毎週どこかで開催される中小規模の「オンリーイベント」がある。オンリーイベントとは、アニメやマンガのジャンルをひとつから数ジャンルに限定し、そのアニメやマンガに傾倒している人たちを対象に開催されるものである。主には同人誌即売の意図が強いが、そのようなイベントにおいてコスプレを行うひとびとの数も少なくない。なお、コスプレに参加するには、イベントによって差があるものの、東京では更衣室利用料で五〇〇円〜二〇〇〇円程度、またカメラ撮影許可のために五〇〇円〜二〇〇〇円程度徴収される場合がある。

小規模の自主的な撮影会は、数人のコスプレイヤーと「カメコ」(「カメラ小僧」の略で、コスプレイヤーの写真を撮ることを趣味としたひとびとで主に男性)とで構成される場合が多い。例えば洋館などを数時間レンタルし、そこでコスプレをするのである。コスプレの対象とするアニメやマンガのタイトルが明確で、共通の趣味を持つ人たちだけが集まるので、ゆったりとコスプレを楽しむことができる。

コスプレイヤーに出会う

以下で紹介するデータは、「コミックマーケット」などの同人誌即売会のコスプレ会場、都内の遊園地などで開催されるコスプレのイベント、数人規模のコスプレイヤーが集まって行う撮影会などでの観察とインタビューからなる。観察の際は、コスプレ・イベントが開催される日の流れを、ビデオカメラ、ICレコーダ、フィールドノートで記録した。ただし、コスプレ・イベント会場内ではビデオカメラによる撮影ができない場合が多い。イベント終了後は、「アフター」(参加者どうしの「打ち上げ」)と呼ばれる集まりに参加し、データを収集した。それとは別に、個別のインタビューで得られたデータも併せて紹介する。

なお女性のコスプレイヤーに焦点を当てている理由は、大規模なコスプレ・イベント参加者の八割以上を女性が占めており、女性中心のコミュニティとなっているためである。

コスプレ・コミュニティのメンバーにアクセスする場合は、「スノーボール・サンプリング（機縁法）」とも呼ばれる、知り合いづてに紹介してもらう方法をとった。これは最初にインタビューした調査対象者に知人を紹介してもらい、その知人にインタビューをしていく方法である。雪玉が膨らむように、調査対象者が増えていくイメージである。コスプレイヤーに大規模なアンケート調査をすることはきわめて難しい。コスプレは「オタク」の実践として認識されることが多く、マスメディアによって否定的に描写されることもあるため、自分が「コスプレイヤーであること」を明かさない者も少なくない。だから知り合いづてに調査対象者を拡大する機縁法が有効となる。このように、調査対象者にどのようにアクセス可能かということは、同時にその人が参与するコミュニティがどのような特徴をもったコミュニティであるかということを不可避に示すことになる。

コスプレ文化をデザインする

コスプレは、はた目には複雑な実践様式に見える。しかしコスプレイヤーの多くは「初心者」から「一人前」になっていき、この文化を積極的に維持する存在となっていく。コスプレイヤーにおいても、維持されるべき意味ある文化的実践があり、それはコスプレ・コミュニティ全体に広がっていく（石田・宮本、二〇〇五）。まずはコスプレ・コミュニティの特徴をもっと理解する意味で、コミュニティに特有のふるまいから見ていくことにしよう。コスプレ文化に参与するには、イベント会場にふさわしいふるまいができるようになる必要がある。初めてコスプレ・イベントに参加した（素人である）筆者らには、まずコスプレ・イベント会場で何をしていいのか（悪いのか）、またどのようにふるまっていいのかがまったく分からなかった。

その中できわめて新鮮に映ったことは、コスプレのような「よく分からない」コミュニティにもかかわらず、ひとびとが熱心かつ秩序だった様式で参加している点である。かれらは他のメンバーと交渉しながらコスプレに特有の意味や価値を創出していた。それは単なるコスプレ衣装やポージングの技術だけではなく、画像ソフトを使って写真を手直ししたり、写真をネット上に掲載（アップ）したりするためのＨＴＭＬ（ハイパーテキスト・マークアップ・ランゲージ：ウェブ頁を記述するためのコンピュータ言語）の理解などにも及ぶ。それとともに、四十年に及ぶコスプレの歴史において形成されてきたルールやふさわしい言動を自身に取り込む「アイデンティティ化」の過程を経る。コスプレイヤーも、心理学者も運動選手も音楽家も、独特の人工物を用いて、コミュニティに特有の意味や価値を創出しながら各々の現実を作っていく。この意味で、コスプレの奇抜さを探ることは、私たちの日常的な文化＝現実構築を記述することになると考える。

正統的周辺参加論

コスプレのような文化的実践を対象にして、文化化の過程を検討するにあたり、米国の人類学者であるレイヴとウェンガーの研究を見ておきたい（レイブ&ウェンガー、一九九一）。かれらは、ユカタン半島の昔ながらの産婆、リベリアの仕立屋、アメリカ海軍の操舵手といった、わざわざ学校などの制度的な学習の場から離れたひとびとの学習研究を取り上げながら、文化化の学習過程を見直そうとする。そこから明らかになったことは、学習の成り立ちに必須だと思われてきた、学ぶべき項目が明文化されたテキスト、明確な教授行為、評価ツールがなくとも、実践の中で誰もが一人前のメンバーになることである。

図16　コスプレの例

少し詳しく見てみよう。レイブらは、日常的に学習が生起するその鍵を、コミュニティへの「参加」に求める。レイブらが取り上げた文化的学習の過程では、新参者は周辺的ながらも「正統性」をもってその場に参加している。どういうことか。例えばレイブらが示したリベリアの仕立屋の事例では、新参者は、周辺的な被服のボタン付けや袖口の絎《くけ》縫いを任されている。中心的な仕事は熟練した職人が行うのだが、新参者は、その一連の仕立ての行程を目にすることができる。さらに、自分の行っている一見枝葉末節とも思える作業も、仕立てという全体の中の一部であることを見て取る。それは遊びでも練習でもなく、れっきとした仕立てという実践である。このように、周辺的ではあるが正統性をもって仕立ての実践に参加していることが、新参者の文化的学習のデザインを考えていく上で重要であるとレイブらはいう。新参者は周辺的に参加しながら、熟練者の実践やふるまいの全体像をつかむことが要請される。必要な知識や技法を一から体系的に学べる学習キットが用意されているわけではない。かれらは、熟練者が何をどのようにやっていて、またどのような特有のルールがあるのかを観察することになる。そして、コミュニティの中でモデルや規範を見いだし、「どのような人になるのか」というアイデンティティ獲得の過程を経験する。このような過程を、レイブらは「参加」という概念を使って説明するのである。最初はお手本となる人への憧憬から参加をたきつけられるのかも知れないが、参加し続けることで、次第に一人前のメンバーになろうと強く動機づけられる。

このように、レイブらが示した正統的周辺参加論では、集合的活動への参加者は、何でもない社会的真空地帯で、何に使うか分からない抽象的な価値と技能の体系を会得していくわけではない。コミュニティに参加し、はっきりと誰かであり、はっきりと何かを目指している。固有の文化や文化的実践、価値・技能体系を備えた集合的活動を引き継いでいく存在として、つまり正統的に参加することによって、そのメンバーらしさやアイデンティティを形成していくのである。このように、私たちは日々の実践を行うことで、価値と技術の体系を創り出し、そのことでとりもなおさず集合的活動のコミュニティを再生産していくのである。

図17　インタビューで言及された日のコスプレ写真

コスプレ・コミュニティの文化的実践

コスプレ・コミュニティに参与するには、特に明文化された「資格審査」を経なければならないわけではないし、メンバーシップを示す「会員証」のようなものがあるわけでもない。しかし、多くのコスプレイヤーは、コスプレイヤーどうしの間で共有された文化的実践を学習していくことによって、やがて十全に参加を遂げるようになる。

正統的周辺参加論で示されたように、コミュニティへの参加の過程はメンバーシップやアイデンティティの形成の過程である。それはどのようにふるまうことが適切であるか、またコミュニティに特有の価値や技能の理解を示していくことに通ずる。

C：コスプレはやりたかった。でも、どうすればいいか分からなかった。それをAさんに言ったら、「△△というキャラクターと○○というキャラクターのどっちが好き？」って言われて、「○○の方」と返答すると、「じゃあとにかく（会場に）来い」と言われた。で、当日行くと、「これ着て、はい、着たら写真撮るよ」ってなって、とにかく写真を撮った（図17）。
〔C、二二歳、大学生、女性〕

右のインタビューにおいて、彼女はコミュニティの先達に導かれ、結果として、カメラに向かって見よう見まねでポーズをとる初めてのコスプレの機会を得ている。これは必然的に他のコスプレイヤーたちとコミュニケーションを取る機会を得ることになり、その過程で、コスプレイヤーとしての不適切な言動、適切なふるまいが見えるようになってくる。新参者単独では困難なコミュニティへの参加であるが、それも適切な熟達者や仲間の存在があれば実現される。この新参者は、熟達者の多少強引な導きにある意味服従しながらも、その熟達者越しにコミュニティの実践の特徴を見ることができたのである。そうして、コスプレイヤーにふさわしい文化的実践に参加することができるようになっていく。

文化、社会、歴史的に構成される主体

コスプレ文化において重要な事柄のひとつに、参与者自身で作り上げてきた、自己生成的なルール体系

がある。日本におけるコスプレの歴史は約四十年であるが、その中でコスプレ文化における常識的なふるまいが確立されてきた。例えば、コスプレ・イベントの際、コスプレをしたままイベント会場の外に出ることは厳しく規制される。コスプレイヤーがコスプレをできる時間/空間は厳密に区切られており、コスプレ・イベントにおいては、会場以外でのコスプレは固く禁じられている。また、過度に露出度の高い衣装なども規制の対象となる。

篠宮（一九九八）によれば、イベント会場でコスプレが一般化したのは一九七五年頃であり、一九七九年のヒットアニメである『機動戦士ガンダム』や八十年代の『うる星やつら』という人気を博したアニメとともにコスプレ人口が急増した。この頃は特に身体の露出やコスプレ可能なエリアに関する明確な制度はなかった。しかし、『うる星やつら』の女性主人公ように肌の露出度が高いキャラクターのコスプレに対して、イベント会場近隣から苦情が寄せられるようになる。結果、一九八三年春のコミケにおいて、イベントスペース以外でのコスプレが禁止されるようになる。これは警察からの要請があったためでもあるが、メンバーによる自主規制の側面が大きい。さらに一九八四年には、サッカーチームを題材にした『キャプテン翼』が人気となり、コスチュームがユニフォームであるという手軽さから、多くのコスプレイヤーを取り込むようになる。すると、スパイクシューズでけがをしたり、館内でボールを蹴ってトラブルが起きたりと問題が生じるようになる。また、例えば戦闘もののコスプレのために、「長もの」と呼ばれる大きな刀などを持ち込むトラブルが増えてきた。こうして、コスプレの広がりとともに、コスプレイヤーの裾野も広がり、マナーの問題が顕在化してくる。

今日、筆者らがコスプレイヤーにインタビューをすると、しばしば以下のようにコスプレのマナーに関する発話を耳にする。これは、三十年を経て形成されてきたコスプレの文化を専有した結果の発話と見ることができる。こうした意味や価値を身にまとうことが、実践に参加し仲間になっていくことの具体例である。

> R：誰でもコスプレができるようになって、マナーの悪い若いやつが増えてきて、そういうのは問題ですね。いきなり来て（写真を）撮って行ったり、普通に街中をコスプレして歩いたりとか。そういうのはほんとやめてほしい。
>
> 〔R、二七歳、女性、社会人〕

コスプレのルールについては、コスプレ・イベントの準備委員会でも明文化している。それは先に挙げたイベントスペース以外でのコスプレの禁止であったり、無用のトラブルを回避するためのものである。このルールは、現在でもイベントのパンフレットに明記されており、例えばコスプレイヤーがコスプレをしたまま一歩でもコスプレスペース外に出ようとすれば、すぐにイベントスタッフに注意され、再入場を断られる。ルールの遵守／違反は、イベント会場の使用許可等との問題に直結する。現在でも、個々のコスプレイヤーがルールを遵守して常識的にコスプレを行わないと、行政や会場管理者、一般のひとびとからスティグマ（負のレッテル）を貼られてしまう。コスプレはサブカルチャーとしては確立しているが、一般の人には理解されない場合が多い。ゆえにスティグマの回避は非常に重要な文化的実践で、それは以下のような語りにもあらわれている（インタビューは二〇〇七年実施）。

C：都知事はオタクが嫌いなんですよ。なので、ちゃんとマナーを守ってコスプレしないと、次の年から会場（東京ビッグサイト）が借りられなくなるんですよ。
〔C、二二歳、女性、大学生〕

都知事のオタク嫌いの真偽はどうでもよいが、重要なことは、コスプレイヤーたちが、スティグマ回避のための文化的実践を志向していることである。そのため、コスプレ・イベント会場におけるコスプレイヤーの言動もまた、きわめて丁寧である。コスプレイヤーによれば、他のコスプレイヤーに話しかける時には、「〇〇（キャラクター名）ですよね。写真を撮らせていただいてもいいですか？」というように「失礼のないように」話かけることが大切であると述べる。また、撮影をする時も事前に「〇枚お願いします」と明確に述べることで、被写体となるコスプレイヤーが何パターンのポージングをすればよいか判断できるようにしたほうがよいとのことである。加えて、写真を撮り終えた後には、本名ではなくコスプレ用の名前（「コスネーム」：インターネット上のハンドルネームのようなもの）が書いてある名刺（図18）を渡し、Ｗｅｂサイトへの掲載の可否などをきちんと確認する。名刺には自分の管理するＷｅｂサイトのＵＲＬやメールアドレス、自分のコスプレ写真がレイアウトされており、コスプレ・コミュニティにおける素性を明確にするのが望ましいという。

図18　コスプレイヤーの名刺の例

「とられた」批判と美意識

コスプレイヤーが批判の対象とするマナーの悪い「コスプレイヤー像」の中でも、特に批判の対象となるのは、彼女たちが「とられた」と呼ぶコスプレイヤーである。「とられた」とは、「撮られたがりや」の意味であり、特に露出度が高いキャラクターに扮する女性がその対象となる。

> T：とられたはダメですね。とにかく注目を浴びたくって、そういう格好をする人がいるんですけど、露出すればカメコが集まるのは当たり前なので。
> 〔T、二一歳、女性、大学生〕

ある調査対象者は、コスプレ・イベントにおける同行調査において、他のコスプレイヤーに比して露出の多い、例えば単なるバニーガールのような衣装をまとった女性のコスプレイヤーを「とられた」として筆者に指し示した。彼女は特に何かの作品の登場人物でもなく、ただ過激な格好をしているだけだというのである。その「とられた」の周囲はカメラを手にした男性が取り囲み、かなり賑わっていた。彼女は、その「とられた」に対して「自分はああいったコスプレはしないし、したくない」と語り、「とられた」に嫌悪感を示した。このことは彼女が想定するコスプレのあり方やコスプレイヤーのあり方を指し示している。またその際、「とられた」のような人がいるからこそ、コスプレに対する誤った解釈や偏見、差別が伴うとも述べていた。「とられた」と同様、以下の例にあるように、外見に気を配らないコスプレイヤーに対する批判も耳にすることが多い。

H：本当に外見とかにまったく気を配らないような人を見るとやっぱり嫌悪感は抱きます。どうしてそこまで何もしないんだろうって。髪の毛伸ばすだけ伸ばしてまったく手入れしてないとか、もうちょっと美を考えようよっていう人を見るとどうよって思います。だからそういう人が猛烈な勢いで「一緒に写真撮らせてください」って言ってくるとひいちゃう。……一番許せないコスプレイヤーは××※ですね。もはや視界の暴力です。（※××は体型に関する悪口）

〔H、二五歳、女性、社会人〕

インタビューをしたコスプレイヤーは、コスプレが問題となり始めた八十年代初頭にコスプレをしていたわけではない。しかし彼女は、他のメンバーとの交渉を通してコスプレ文化に参加することで、コスプレの歴史的過程にも参加している。つまりコスプレの迫害の歴史を自らのコミュニティの歴史として知っている。彼女は、自分自身がマナーを遵守する「普通のコスプレイヤー」であることを強調するのだが、このような主体性は、個人にのみ還元できるものではない。コスプレの歴史性、つまりメインカルチャーからネガティブなレッテルを貼られ、それに対して大きな問題が生じないように自助的な努力を積み重ねてきた歴史性があって初めて形成される集合的な主体性と見ることができる。このように文化的実践の歴史性は、コミュニティに実践の様式として継承され、いま・ここの主体の行為を方向づけるのである。

文化的価値の生産と普及

これまで、コスプレ・コミュニティにおけるふるまいについて、周辺的ながらも正統的な参加を経て十全な主体を形成していく様子として見てきた。コスプレにとって重要な実践のひとつとなる洋裁に関しても、最初は既成のコスチュームをまとうだけの周辺的な参加であった者が、コスプレ衣装特有の製作手法について学習していく様子が見て取れる。例えば、一般にコスプレの衣装では裏地はつけない。コスプレの衣装を作成する際の技術は、通常の被服を製作する作業とはまったく異なるとコスプレイヤーたちは述べる。以下のインタビューを見てほしい。

C：とにかく写真に収まる時に、外側だけ見栄えが良ければよくって、着やすさなんてものは気にしません。

お金をかければすごいコスプレができるのは当たり前だけど、いかにコストパフォーマンスよく仕上げるかが重要なんです。〔C、二四歳、女性、大学院生〕

時に技術的、経済的、身体的な制約を含む状況に陥ることもあるだろうが、この制約を乗り越えるための価値の創造や共有は、重要な文化的実践となる。新参者も、コスプレ文化における洋裁技術の価値基準を知り、それを実行する中で、次第に文化の中心に向かってのめり込んでいく。その際、それまでの価値を再考し、より良い知識や技能を試みてみたり、それを他者に伝達し共有することもあるだろう。そうして参与者は、次第にコミュニティにおける価値形成に寄与するようにもなる。

コスプレイヤーがイベント会場に集まって交わす会話の内容の中心は、その時のコスチュームをどのように調達したり、どのように制作したかについてであった。このように、コミュニティでの価値や知識、技能は、自分たちの実践を通して決まっていく。それは誰かが「外側」から設定したものではない。また何が価値になるのかが絶対的ではない。正統的に参加していることが、つまりその文化のメンバーになろうとしていることが、文化的実践を維持させ続けるのである。新参者はこうしてメンバーになり続けていく。熟練者もまた、新参者が入ってくることで新たな役割を得、次々と新しく登場する道具や技術を知り、それらを用いて実践していく。コスプレイヤーであり続けるためには、コスプレ文化に参加し続ける必要があるのだ。またコスプレを実践し続けることが、そのコミュニティに確かな正体を与え続けている。

実践の文化のスケッチを描く

日本に育った私たちが日本人になることに、何の困難もない。誰もがほぼ間違いなく日本語を身につけ、日本人らしいふるまいや知識を身につける。また子供が大人になること、人が男性や女性になることはどうだろう。同じく大多数が間違いなく自分の年齢や性別に見合ったことばづかい、ふるまいを身につける。経験によって、できなかったことができるようになることを学習と呼ぶならば、これらも学習である。学校に代表されるような勉強としての学習との違いは、ひとつには驚くほど多くの人がほぼ間違いなく習得すること、二つめとしてほとんどの場合それらしい苦労を伴わないことである。必要とすべき課題を、苦労なくほとんど誰もが身につけられる教授方法があれば、それは教育の夢である。しかし、その夢は、私たちのふだんの暮らしや仕事の中での学びでは、当たり前に達成されていることが多い。

このことの鍵はこれまで述べてきたように「参加」という形式にある。このことを詳しく見ていこう。レイブらが取り上げた学習過程では、新参者は共同体に「正統的に」そして「周辺的に」参加している。そうした「参加」が学習の決定的な条件だというのである。「正統性」という概念は、その共同体の一人前のメンバーになろうとして参加していることを指している。古参者を見て「ああいう人たちになろう」と、その共同体のあとつぎになろうとしているから「正統的」である。「周辺的」であることも、ことばの一般的なイメージとは異なり、参加がその共同体の成立に必要な要素であることを示している。例えば仕立屋の徒弟たちのボタン付けや袖口の絎縫《くけ》いは、周辺的な作業であるが、一着の衣服を仕立てるという全体性の中での一部である。それは遊びでも練習でもなく、仕立てというれっきとした社会的実践であることが、誰にも明らかである。

レイヴらは学習を実践共同体への参加の度合いの増加であるとする。共同体が再生産されること、つまり新参者が古参者へと入れ替わっていくことを考えれば、学習は社会的実践と分かちがたく一体であるということになる。新参者が正統的で周辺的に参加している以上、つまりその共同体のメンバーになろうとしているならば、学習はかならず生起し続けることになる。

レイブとウェンガーによれば、こうした参加としての学習では、学習者はその共同体の実践を構成しているものの全体像＝「スケッチ」を作り上げることができる。そのスケッチには、ふだんの暮らしのあらまし、熟練者のみごなしや語り方、一人前になる道筋、加えて、メンバーが何に喜び、嫌がり、価値をおくかということまでが含まれている。このことは自分の参加する趣味や仕事の共同体を思い起こせば分かるだろう。ギターを弾いているなら、ギター演奏をめぐる世界のあらまし、熟練のギタリストのふるまいや語り口や価値観といったものの全体性のスケッチを容易に思い浮かべることができ、その全体性を目指している。

ひるがえって、学校での学習では、この実践者として当たり前なスケッチを描くことが難しい。描こうとすれば描けるが、それは学校での生活のあり様であり、学校での学びや頭の使い方であり、つまり「学校化されたひとびとの共同体」のスケッチになる。学校において学習者は、技能の「やりかた」には習熟しても、「誰」が「何のために」その技能を用いるかの理解を往々にして欠く。その技能の使用の文脈を持たない。その技能を用いる動機を決定的に欠く。学校という文脈や動機はあるが、本来応用すべきはずの具体的な文脈や動機とは距離がある。そうした動機なき技能の学びは、たとえれば用途が書いていないにもかかわらず、用法だけが詳細に記述された取扱説明書のようなものである。

「誰」として「何のため」にその技能を用いるかは、状況の中での学習においては、明示するまでもなくきわめて明確なことである。コスプレという異文化に参加するひとびとは、かれらコスプレイヤーの実践のスケッチを思い描き、その実践者らしさの理想を希求して活動する。何を対象とするか、どんな動機をもつか、そうしたことがまず先にあり、いわゆる知識や技能の学習はその副産物といっても良い。そんな学びが学校の中にどれだけあるだろう。コスプレイヤーの実践の学びは、何よりも幸せな学びであるといえるだろう。

DESIGNED REALITY Ⅵ

文化と衝動

これまで私たちの精神が深く文化と結合していることを示してきた。相互に影響を与えつつ、人は文化を創り出し、文化は人を作る。私たちの主体性、つまり私たちが誰で、何が可能で、何を追求するのか、それは私たちの個人的な身体だけでは決定できないことである。例えば道すがら、おもしろいものを見つけてそれをケータイのカメラで記録すること。この思いつきは、この人工物登場以前には、同じ形では私たちのこころに去来しなかった。

例えば、講義を聴いて多くの学生はノートを取る。そのノートを取ろうとする衝動はどこに由来するのか。それは筆記具という人工物に起因する衝動である。筆記具のない世界では、別のまったく異なる記録や記憶のための衝動が私たちのこころを支配するだろう。

簡単な思考実験をデモンストレーションしてみよう。私たちの生活に、日常のシーンを切り取って保存できる新しい装置Xが登場したとする。Xが十分に普及した場合、装置X以前と以後で私たちの行動は変化するだろう。一番おおきな変化は「記録すべき日常のシーン」が私たちの日常に登場することだろう。

このことはいくらか説明を要するだろう。私たちの手元に利用可能な装置Xがなければ、保存することのできない日常は、保存したいという衝動の対象にならない。つまり装置Xは、それまでただ過ぎていったり、こころに思い出を焼き付けたり、語り草になってひとびとの口を伝わっていただけの日常を、保存可能な対象に変えてしまったのである。もはや日常はただ現在から過去へ消え去っていき、思い出や語りの中に残るだけのものではなくなる。装置Xの登場は日常そのものの意味を変え、保存という行為の対象としたのである。このことは私たちの心性と相互関連する。装置X登場以後の社会において、私たちは日常のシーンを記録の対象として経験するようになる。記録したいという衝動が訪れるようになる。まとめると社会への装置Xの導入で、①活動の対象が変調され、それと呼応して②私たちの衝動も変調される。

前述の装置Xはカメラでもよいし、カメラ付ケータイでもよいし、ビデオでも構わない。過去にはそれはもっと素朴な仕掛けや道具だったろう。こうした具体的なものとの相互作用として、私たちの欲望や衝動は成立している。二〇〇八年現在、少なからぬ事件・事故の報道映像が、現場に居合わせた人のカメラ付ケータイで撮られている。かれらはフォト・ジャーナリストではないが、手元で利用可能な道具立てがかれらをしてそうした衝動に駆り立てる。欲望や衝動は単に個人のものではなく、社会・文化に帰属するものなのである。

サブカルチャーの深い森に入り込んで、まず目を引かれるのはその実践の特異さである。次に取り上げる同人誌文化における実践では、愛好家たちは漫画やドラマなどの男性キャラクターどうしのホモセクシュアルな関係を夢想し、創作し、消費している。実践の特異さに目を奪われると、特別な趣味者の異常な独創にしか思えないかも知れない。だがかれらは要するに文化的な装置を手に入れただけである。対象は変調され、また衝動も変調される。したがってかれらの行為は異常な独創ではなく、自分たちの参加する文化の日常を実践しているだけなのである。

それではヤオイの深い森に足を踏み入れてみよう。

ヤオイ・同人誌文化に参加する

コスプレイヤーの実践に続いて、ここでは、「同人誌」を愛好する女性のオタクの文化的実践を取り上げる。彼女たちは、自らを自嘲的に「腐女子《ふじょし》」と呼称する。コスプレイヤーにも同人誌を愛好する者は多い。コスプレイヤーも、同人誌愛好家もこれら女性のオタクは「腐女子」というカテゴリに当てはまり、腐女子の価値に従った実践を行っている。先述したように、コスプレイヤーは圧倒的に女性が多い。コスプレイヤーほどの男女差はないが、同人誌を描いたり買ったりするひとびとも、男性よりも女性が多いといわれる。

腐女子が好む同人誌の多くは、男性どうしのホモセクシュアルが描かれたアマチュアによるマンガや小説である。この同人誌の読み方や、同人誌を好む人どうしの語り方には、文化的に共有されたプロトコルがある。その具体例を示していくことで、腐女子にとって、腐女子文化があるがまただ与えられたものではないことを示そうと思う。できるならば腐女子の側から見た腐女子文化の成り立ちを示そうと思う。

ヤオイを読む

まずは、腐女子が愛好する同人誌の文化的な特徴を、主に「ヤオイ読み」という実践を中心に記述したい。野村総合研究所によれば、国内の「マニア消費者層（オタク）」の二〇〇四年市場規模は、「コミック」が三五万人（八三〇億円）、アニメが十一万人（二〇〇億円）と報告されている。またコミックマーケットと呼ばれる大規模な同人誌即売会には、三日間で四十万人ものひとびとが来場する。

マンガやアニメを好む腐女子の多くは、原作となるメディア・テキストを読み替え、「二次創作」として再構築することに喜びを見いだす。腐女子が創作の対象とするものは、マンガやアニメだけではなく、小説、映画やテレビドラマの登場人物など多様である。腐女子の文化の興味深い点は、ただ作品を産出するのではなく、既存の作品の評価、解釈、解説、引用などを用いたコラージュやパロディを作り出す同人誌特有の生産や消費のスタイルにある。同人の作品といっても、その

形態は、冊子、音楽、映像、ゲームなどのCDやDVD、フィギュア、グッズなどさまざまである。このいわばメディア・テキストの「ブリコラージュ」ともいえる同人誌の生産は、女性のオタクと男性のオタクとでは異なった展開をみせる。

同人誌には性を直接のテーマとした作品が少なからずある。男性向けの多くの同人誌の場合、異性間の性行為が中心となる。一方、女性のオタクの場合は、（原作のテキストでは描かれていない）男性の登場人物どうしの恋愛関係を夢想し、描くタイプの同人誌が多い。これは特に「ヤオイ読み」と称され、男性登場人物の間にホモセクシュアルの関係を読み取り、表現する特徴がある。こうした二次創作、もしくはヤオイは、日本だけの実践ではなく、例えば米国にも「スラッシュ・フィクション（slash fiction）」と呼ばれる類似の活動が見られる（ちなみに米国のオタクの間では、「オタク」は〝otaku〟、「ヤオイ」は〝yaoi〟、「エロ」は〝hentai〟で通じる）。スラッシュ・フィクションもまた、ヤオイ同様、同性の登場人物間における性的な関係、恋愛関係を描くものである。二人の男性の関係は、純粋な恋愛から濃密なものまで、感情の揺れ動きが細やかに描き込まれる。

オタクとは従来、受身的なオーディエンスとして語られてきた。しかし今日の議論においては、積極的に意味を生成する存在としてオーディエンスが俎上に載せられており、それはオタクというオーディエンスについても同様である。米国のオタク事情に詳しいジェンキンス（一九九二）は、このような二次創作を志向してテキストを読むファンを、「テキスト密猟者（Textural Poachers）」と捉える。

図 19　腐女子の描く同人イラストの例
（同人誌即売会のサークルカット（出版する同人誌の内容を示すカット画））

彼は、テキストの欠落に意味を与えたり、既存のテキストにはない別のエピソードを生産したり、別のテキストとつなぎ合わせたりするかれらの「意味の生産者」としての能動性に着目する。日米のヤオイ、スラッシュ・ファンたちは、与えられたメディア・テキストをただ無抵抗に受容し消費するのではなく、作者の意図とは異なる「読み」を実践する。それは彼女たち特有の再デザインの過程であり、彼女たち自身の文化を構築する実践といえよう。

本書では、あるものに別の解釈や読みを与えることを、デザインということばで表すと述べた。腐女子が原作のアニメやマンガを「ヤオイ読み」として再構築することもまたデザインと考えることができる。彼女たちは、原作の中から「ヤオイ読み」のための素材となるパートを抜き出し、それに腐女子文化にとって重要な解釈を与える。こうした欲求、衝動は誰かの独創ではない。こうした衝動を支える文化的実践と人工物との相互作用である。彼女たちは、単に与えられた世界（原作となるマンガやアニメなどの消費）を生きているだけではない。「ヤオイ」として作品を再デザインすることもまた腐女子の文化的実践である。

同人誌愛好家に出会う

ここでは、腐女子に対して行ったインタビュー・データを紹介しよう。関東地方在住で、同人誌を描いたり、同人誌を購入したりしている独身の二十代の女性十二名（大学生、大学院生、社会人）を対象に同行調査とインタビューを行った。すべての調査対象者が、自らが腐女子とカテゴライズされることに自覚的であった。初めて同人誌を手にした年齢は、十一歳、十二歳（小学校五年生～中学一年生あたり）が大半である。この時期がひとつの「臨界期」（学習に重要な時期）とも見える。

調査対象者は、「スノーボール・サンプリング（機縁法）」を用いて選定された。先述したように、女性のオタクは否定的なレッテルを貼られてきた経緯があるため、見ず知らずの調査者がインタビューの依頼をしても無視されて終わる。そこで、知り合いづてに紹介してもらい、良好な「ラポール」（インタビュアとインタビュイの心的関係を示す心理学用語）が形成できるようにした。腐女子にインタビューを試みる場合、例えば同人誌即売会のような会場で見ず知らずの人に声をかけてもうまくはいかない。筆者らも、コミケなどの同人誌即売会において「〇〇大学でオタクの調査をしている者で……」と声をかけてみたりしたが、歯牙にもかけられず完全に無視されるのがオチであった。ただしこの筆者らの切ない体験は、腐女子のコミュニティがどのようなものかを表示している。腐女子コミュニティは排他的であり、属性の分からない者に対してオープンではない。その一方で、知り合いの腐女子づてに紹介してもらった調査協力者に対して、筆者らがどのようなアニメやマンガを愛好し、どのような同人誌を好んで読むかなどについて開示することで、調査協力者との会話が活性化することも多かった。

調査期間は二〇〇四年から二〇〇六年である。同行調査では、同人誌即売イベントやその後の「アフター」の様子を、許可を得て録音／録画する形で収集した。インタビューは一時間三十分から三時間程度の半構造化面接のデータからなる。インタビューでは、腐女子のコミュニティにおける活動や同人誌即売会、その他各種イベントへの参加がどのように行われていったか、その履歴を確認しながら進められた。

ちなみに、腐女子にインタビューをする場合には、インタビューを実施する場所の選定に多少の配慮が必要であった。腐女子は、インタビューを実施する場所として、個室や、もしくは壁でテーブルが仕切られて隣の様子が伺い知れない空間配置の居酒屋チェーン店を好んだ。このような場所は隣のテーブルを気にせず話せるため、同人誌即売会やコスプレ・イベントの後に腐女子の友人どうし集まる際にもよく用いているとのことであった。

萌え語りに耳を傾ける

さて早速、インタビューで得られた腐女子と筆者の会話を見ていただきたい。この会話を見て、どの程度理解可能であろうか。インタビューの断片を見直してみると、筆者はどこか文化的に距離のある異国のひとびとに興味をもって記録している研究者のようでもある。筆者自身も腐女子の語りの意味構築を理解しきれていないことが分かるし、彼女たちがどのような現実を生きているのか、逐一説明を求めている。

後に詳しく説明する「攻め」や「受け」、または「乙女攻め」、「ツンデレ」、「受け受けしい受け」など、特殊な用語が頻出する。

T：仮面ライダー（カブト）は朝八時からで、主人公は受けなんです。
C：Tがそういうふうに私を洗脳してから視るから、そういう風にしか見えないんだけど。
T：主人公はツンデレ（普段はツンと澄ました態度だが、例えば意中の人の前ではデレデレとする）なんです。
――ツンデレなのに受け？
T：ツンデレは受けですよ。俺様なのに受けなんです。私「乙女攻め」が好きなんで。
――何ですか？それは。
T：「乙女攻め」です。

――ウィキペディアとか見たら載ってますか？

T：載ってないと思います…。攻めの方が、すごい乙女思考なんですよ。誕生日には、こういったことしてって、イベントごととかをすごい大事にしてるんですよ。何か、とにかく乙女思考で、攻める。

――ずっと「乙女攻め」が好きだったのですか。

T：最近です。変わるんですよね。今は「受け受けしい受け」が駄目になりましたね。

――何ですか？「受け受けしい受け」って。

T：受けしかできないようなキャラっていうか、攻めを押し倒せないような受けが。そんなの女の子でいいでしょっていうような。

C：「男らしく受けて」くれって。

T：そう。そうなの。「男らしく受けて」ほしいの。

――そんな子猫ちゃんのような男のものはいらないって？

T：だったら普通に異性愛でいいじゃんね。

C：そうそう。ちゃんとキャラのたった「芯のある受け」であってほしい。

T：そうですね。「自立してない受け」が嫌い。

［T、女性、二二歳、大学生　C、女性、二三歳、大学院生］

腐女子が用いる特有の言語使用はいったん置いておく。ここでは、『仮面ライダー』という多くの人が知っている特撮のドラマが、一般とは異なる形で視聴されている点を理解してほしい。『仮面ライダー』

に傾倒する腐女子は、単に正義のヒーローが悪役の怪獣やショッカーなどを倒すストーリーだけを消費しているわけではない。原作では意図していない物語構築、作品の読みを腐女子は構築する。作品の読み替えによる作品の再構築は、腐女子コミュニティに参与するひとびと特有の工夫の結果である。

腐女子も、心理学者も、運動選手も、音楽家も、それぞれ独特の人工物を使って、独特の意味や価値を創出して、他者と交渉し、独特の世界を作る。こう捉えれば、上述の理解が困難な腐女子コミュニティの会話の奇妙さが少しは薄らいでくるだろう。腐女子という、あるひとびとにとっては縁遠いコミュニティを観察してみたら、学問や芸術と同様に、それを洗練させていく人間の姿を見ることになった。人間はコミュニティに参加し、意味や価値を精緻化させながら文化を洗練していく存在なのである。ここで示したいことは、このようなことがらである。

ヤオイ・コミュニティにおける意味の交渉

ウェンガー（一九九八）が示したように、対象の意味とは、さまざまなコミュニティにおいて、さまざまな社会的交渉を通して再編される。彼によれば、意味とは、頭の中に還元されるものではなく、さまざまな社会的交渉の中で作られ、再構成されていく存在であるという。

結局のところ実践とは、その実践をおこなうメンバー達の意味の交渉を通じて生み出されるものなのである。意味の交渉とは、新しい要素を取り込んでいく絶えざる可能性をもった開かれたプロセスのことである。それは同時に、新しきものの中に古きものを継続したり再発見したり再生産したりする絶えざる可能性をもった回復のプロセスでもある。

（ウェンガー、一九九八）

腐女子もまた、特有の意味を生成し続けるコミュニティである。腐女子どうしの会話場面における同行調査やインタビューを行うと、その大半が、彼女たちが「萌え語り」と呼ぶ会話で占められていることに気づく。この「萌え語り」というスタイルは、どのような作品やキャラクターの、どのような点に強い興味を覚えるかを他の腐女子に対して表示する実践である。その具体的な「萌え語り」は、以下の事例に示すようなものとなる。これは、二人の腐女子が作家京極夏彦の小説シリーズ（「京極堂シリーズ」）について「萌え語り」を構築する場面である。

T：これ（京極夏彦の小説）は本編に比べて内容がものすごい軽いんです。で、あの、ね？
S：かわいい。
T：かわいいよね。

——あの、えーと誰が?
T:「榎津」が。あ、「中善寺」もかわいい。それは見る人によって違うから何とも言えない。
S:何とも言えない。「関口」がかわいい人も……まあ、あんまりいないけど。
T:(Sを指して)ここにいるじゃん。
S:うん。
T:それが一番多いじゃん。(……)私は『榎津×関口』が好きなんです。こっちの方がメジャーなんです。やっぱ『関口受け』が一番メジャーなんです。
(『』は「カップリング」を示し、「」は原作中の登場人物を示す。)
〔T、女性、二五歳、社会人　S、女性、二五歳、社会人〕

おそらく会話内容に関して説明が必要だろう。腐女子はヤオイ読みのために、さまざまな「文化的装置」とでも呼ぶべき共通の語り口をとる。その特徴的なものが「カップリング」である。「カップリング」は腐女子どうしの「萌え語り」においてもっとも重要な文化的装置となる。カップリングとは、ヤオイ読み、すなわち男性登場人物どうしの恋愛関係を描く際の、その組み合わせ方のことである。先の事例で言えば、「榎津」という登場人物と、「関口」という登場人物の組み合わせが、ホモセクシュアルの関係として再構築されている(すべての同人誌がホモセクシュアルな関係を含む内容であるわけではない。ギャグやシリアスな内容の同人誌も少なくない)。カップリングは、「×」という記号で表示される(米国では一三四頁にあるように

“slash(/)”で表示される)。カップリングされた男性キャラクターのうち、×の前に配置される者が創作される物語上の恋愛や性行為を「リードする側」(「攻め」と呼ばれる)、×の後が「リードされる側」(「受け」と呼ばれる)を示す。この役割配置は読みの実践者の趣味・嗜好によって異なり、キャラクターの前後の順番が意味をもつ。このようなカップリングへの嗜好に関する語りは、腐女子の会話においてかなりの割合を占める。

ヤオイの読み方とアイデンティティ

そもそも原作にホモセクシュアルの関係が描写されているわけではない。腐女子は、原作中の登場人物どうしの会話や描写を再解釈し、その二人の新たな関係を構築するのである。これは新たなテキストの読み方であり、かれらの文化的実践である。どのような読み方をするか、どのような再解釈をするかは、腐女子どうしの対人関係をも規定する。自分がどのような人であるかという、アイデンティティに関わることを、読みの方略を通して他者に示すのである。以下の二人の腐女子の会話を見てみよう。

C：Qさんは『(名探偵)コナン』[†]が大好きで、もともと『キッド×コナン』[††]だったんですけど、私は『コナン×キッド』が好きなんですよ。あの小さい体で……。

T：なんだっけ、あの。

C：〝体は子ども、頭脳は大人〟っていうのが私の中では刷り込まれてて、逆に子どもになったら性的欲求っていうか鬱屈したものがすべて爆発するっていうのが、もう。（……）それをQさんに熱く語ったら、分かるようになってきたって言われた時は報われた感じがした。

（†「週刊少年サンデー」に連載されているマンガ、††「名探偵コナン」に登場する主要登場人物）

［T、女性、二二歳、大学生　C、女性、二三歳、大学院生］

Qさんとは、事例の中のC、Tとも面識のある腐女子仲間である。Cは、自分とQさんは同じ『名探偵コナン』が好きではある。しかし、その主要登場人物である「キッド」と「コナン」という両者のカップリングの趣味は正反対であると述べている。つまり「×」の前後が入れ替わり、「攻め」と「受け」の関係が反対だという。Cは、自身の読みとくカップリングの「正当性」をQさんに熱心に説明したと述べる。最終的にQさんにCの愛好するカップリングが「分かるようになってきた」と言われ、その心情を「報われた」と表現する。

腐女子どうしの語りにおいて、原作のどの登場人物を「攻め」とし、「受け」とするかによって、腐女子どうしのコミュニケーションが活性化する場合もあれば破綻する場合もある。このようにカップリングは互いの関心を示す交渉の道具となりうることを示している。これらは自分がどのような読みの実践を行っているかを表示する実践である。カップリングの提示は、腐女子間における交渉のリソースとなり、異質性や同質性といったものを組織化する。よって、彼女たちの人的なネットワークもまた、カップリングといった文化的装置と切り離せない。

嗜好の履歴とアイデンティティ

同時に、彼女たちは好みのマンガやアニメ、ゲームの「ジャンル」を通しても他者とつながる。ジャンルとは、愛好するアニメやマンガ、小説、ゲームなどのタイトルのことである。インタビューにおいて過去の自分について語ってもらう時も、どのようなジャンル（やカップリング）に傾倒していたかについて言及することが共通の会話のプロトコルになっている様子が観察された。これまでどのようなジャンルのアニメやマンガに傾倒してきたか、その履歴もまたアイデンティティの表示や他の腐女子との社会関係の構築に寄与するのである。

H：『スラムダンク』[†]の後、『KOF』[††]に行って卒業しちゃった。
R：『KOF』……『KOF』？
――今の沈黙は?、というか何で二度聞いたんですか？
R：いや、自分が好きだったものと同じジャンルだった人っていうのはやっぱり違うんです。同じ『鋼《はがね》』[†††]が好きでも、ジャンプから来た人と、格闘ゲームから『鋼』に来た人は違う。

――ああ、履歴が、それでここ（『鋼』）に至ったのねって。

R：そう。だから同じ分かってもらえる部分を必ず持ってるはずだって。逆にジャンプ上がりの人とは分かり合えない部分必ずあるはずだっていう思い込みも若干。

（†「週刊少年ジャンプ」に掲載されていたマンガ、††格闘ゲームのタイトル、†††『鋼の錬金術師』、「月刊少年ガンガン」に掲載されているマンガ）

［H、二五歳、女性、社会人　R、二七歳、女性、社会人］

この事例において、Hは、現在『鋼の錬金術師』というジャンルにのめり込んでいるが、その前は『KOF』というジャンルに熱中していたと述べている。そして既知の仲であったRもまたHと同様の「履歴」を持っていることを確認し、「だから同じ分かってもらえる部分を必ず持っている」と、互いの関係を再認識している。ここで着目したい点は、好みのアニメやゲームのジャンルを参照しながら、他者との社会関係を可視的にしているところである。いわばジャンル越しに自己や他者が形成され、ジャンル越しに互いの関係を推し量っている。このことは、先の事例のカップリングについても同様である。

ただしこれは、腐女子のコミュニティでしか成立しえない。彼女たちは、日常生活において常にジャンルやカップリングという特殊な文化的装置を用いてアイデンティティや関係の表示をしているわけではない。あくまで腐女子コミュニティにおいて用いられるものであり、他のコミュニティ（例えば大学や職場など）においては、そのコミュニティ特有の文化的装置を用いるだろう。例えばこれまで紹介してきた腐女子たちも、高校や大学の腐女子以外の友達と過ごす場面では、『anan』、『cancam』のようなファッション雑誌を用いて対話したりする。腐女子のアイデンティティは、多様なアイデンティティのあり様のうちのひとつのあらわれであり、このように複数のアイデンティティをその都度管理することは、腐女子に特有の特殊な実践ではない。それは私たちのアイデンティティの管理（マネジメント）の話でもあるのだ。

門外漢には特殊で些末に思えるこうした実践をのぞき込んでみると、かれらの精神が何からでき上がっているか記述できるように思える。それは風変わりで見知らぬ心性というわけではない。特有の人工物を用い、意味を交渉させ、価値を共有する様は、私たちが日常の生活や仕事の中で行っていることと同じである。それは活動の対象とそれに呼応する動機を相互反映的に行き来するような運動である。こうした運動によって文化は維持されていると考えられる。

活動の対象と動機の関係は、日常の生活ではあまりに当たり前すぎて見えにくい。「講義のノートをとる」「食事の後に歯を磨く」「観光地で写真を撮る」、こうした日常の動機と対象は当たり前すぎる。しかしサブカルチャーの実践をのぞき込むことで、対象と動機の見慣れない連関に目を奪われる。腐女子のヤオイ読みのような風変わりな実践は、腐女子たちの風変わりな精神に起因するわけではない。これまで示してきたように、主体性は個人に所与の実体ではなく、社会文化的な構築だと考えられる。ヴィゴツキーに端を発する社会文化的なアプローチでは、私たちの主体性は、人工物や制度と不可分な総体として議論されてきた。こうした人工物や制度自体が、私たちが自分たちの世界を作るためにデザインしてきたものであり、その意味では私たちは私たちの主体性をデザインする存在であると考えられる。サブカルチャーの実践では、その見慣れなさのおかげでこうした「主体性の社会性」が際だつ。主体性は皮膚の内側のものではなく、制度や人工物といった皮膚の外の具体的なセッティングによって構築されている。こうして世界を特定の活動の対象としてデザインすることと、特定の対象に向けての動機をもつこととの、再帰的な運動のスナップショットとして、主体を捉えていくことができる。当たり前にならなかったこうした実践の中にこそ、私たちが与えられた世界を生きるのでなく、積極的に世界を構築していき、維持し続けているメカニズムが見て取れる。

DESIGNED REALITY

VIII

作られた「童貞」を生きる

本書の通奏低音となるアイディアは、私たちの行為が、私たちがこれまで作り上げてきたさまざまな人工物とともに成立しているということである。私たちの行為の対象となるものは、目に見え手にすることのできる形のあるものだけではない。目にすることも、また手にすることもできない形のないものも、行為の対象となりうる。それは例えば、ここで取り上げる「肥満」や「童貞」といった、ある事象に対する名づけである。私たちはある事象を記述するし、またある事象に名づけて実体化する。この実体化された事象は、私たちの現実の認識の仕方に強く影響を与えるのである。

「肥満」という現実の成り立ち

例えば誰かが太っていること、つまり「肥満」は私たちにとって非常に可視的であるが、現代の・日本の・私たちが目にする「肥満」は、誰の目からも揺るぎなく可視的であるわけではない。ある時代・ある文化では、太っていることは富の象徴であり、あこがれの対象であり、私たちの思う病気の原因としての、または格好の悪い体型としての「肥満」概念そのものが存在しないこともありえた。しかし私たちは「肥満」を実体として扱い、行為の対象とする。活動の基準となり、日常の実践を構成し、専門の機関、産業まである。医学上のダイエットや、美容目的のダイエットなどがその例である。体重超過と病気の関連にまつわる医学的なデータが存在し、TVタレントが美の価値観を形成し、やせていることが価値をもち、「体重計」という人工物があり、標準体重のような基準がある社会において、初めて「肥満」はひとびとの目に明らかになる。

同様に例えば現代の・日本の・私たちにとっての目鼻立ちのくっきりとした相貌である「美貌」は、また異なる時代・文化においては異なる価値をもつ。また例えば「学力」や、ビネーによって提唱されウェクスラーなどの研究者によって洗練された「知能指数」という能力概念はどうだろうか？ どちらもその向上のために大変な努力を払う人たちがおり、そのための産業が成り立ち、価値規準となっているが、いずれも形のあるものではない。「学力」や「知能指数」があたかも実体であるかのようにひとびとの行為の対象となるためには、学校、塾、標準テスト、カリキュラム、統計、データベースなどさまざまな社会的仕組みを私たちがデザインする必要がある。

私たちの活動の対象は物理的な形あるものである必要はない。物理的な形をもつことで実体として対象

化されるわけではない。形があっても、名づけられず活動の対象とならないものは無数にある。私たちの活動の対象となるには、そのことを実体化するデザインがあることが重要になる。上述の「肥満」の場合、体重計から有名人のプロポーション、医学統計まで、肥満が実体化される仕組みは社会に埋め込まれている。こうしたデザインをもとに可視化された活動の対象を、ここでは特に「文化的対象（cultural object）」と呼ぶ。これによって、具体的な形象をもたないが、おもに私たちの実践によって実体化された＝名づけられたモノやコトのことを指し示そうと思う。

文化的対象を可視化する

こうしたことを示す古典的な研究としては、文化人類学者のマリノフスキーによるトロブリアンド諸島のひとびとに関するいくつかの研究報告が挙げられる。トロブリアンド諸島のひとびとは、「クラ交易」と呼ばれる大規模な交易を行う。クラとは貝殻でできた装飾品のことである。このクラを用いた交易では、島と島の間で順番に「ソウラヴァ（首飾り）」と「ムワリ（腕輪）」と呼ばれる装飾物がやりとりされる。クラの交換において、「ソウラヴァ」は時計回りに、「ムワリ」は反時計回りに海を隔てた島と島の間を循環する。「ソウラヴァ」と「ムワリ」は同時に交換されることはなく、それらは贈与と返礼という形をとり、間を空けてやりとりされる。クラ交易では、貝殻であるクラに加えて、土器や食物が同時に贈与される。

クラは単なる象徴にすぎず、クラに付随する贈答品が重要な意味をもち、それらは自分たちの「気前の良さ」を示すことになる。

例えば島Aが島Bからクラを受け取ったとする。島Aでは、島Bのクラ（と贈答品）を上回る価値の贈答品で返礼することが名誉となり、その島のひとびとの気前のよさを示すことになる。すなわち、クラと贈答品、そしてクラ交易というシステムのデザインにおいて、「気前のよさ」や「名誉」が可視的になるのである。放っておけば目に見えないこうした秩序を、この交易システムが表象するわけである。またはこうした交易システムがあるから、こうした社会の秩序があるともいえよう。マリノフスキーは同書でこう述べている。

たとえ大規模にして複雑、そして良く秩序だった制度にみえたとしても、それは原住民達による非常にたくさんの行為と営みの帰結であることを覚えておく必要がある。かれらには法律も目的も定められた憲章もない。確かにかれらは自らの動機を知り、個々の行為の目的と守るべきルールを知っている。しかし全体の集合的な制度がどう形成されるかということは、かれらの精神のおよぶ範囲の外のことである（beyond their mental range）。（マリノフスキー、一九二二）

つまりその世界の意味や価値は、ただひとびとの行為の中にあるということである。社会の秩序とひとびとのふるまいが相互反映的におたがいを形づくるのである。マリノフスキーは、社会の秩序を記述するのは文化人類学者のすることだと述べている。ひとびとはただ日々の営みをかれらの動機に従って続けているだけである。

不可視なものを実体化し、社会の秩序をデザインによって可視的にするということは、遠い異国の島に住んでいる人たちにおいてのみ見受けられるものではない。それは、私たちにとっても身近な学校という文化においても見られる。例えば「学力」のようなものは、学校で焦点が当てられ、学校で行われるテストや偏差値といった人工物、教室内における教師と生徒のやりとりといったような実践、こういったもののデザインを利用して可視化し、実体化させている文化的対象である。私たちが今日一般的に用いる学力という文化的対象は、明治期に始まる近代的な教育のデザインによるものである。教育や学校的なやりとりの歴史的構築の過程は森（一九九三）に詳しい。森によれば、日本に学校教育を輸入するためになされたことは、まずは畳をはがして西洋式にした建物を構築する作業であった。建物の内側には、黒板などの道具が配置されていったのだが、当時の日本人にとってはそこが何をする場所なのかが分からない。したがって、学校教育が輸入された当初は、「学校とはいったい何をするところであるのか」を教える、まさにそのための教育がなされていたという。学校教育という今日の私たちにとってはきわめて当たり前で自然なものでも、それを実体化するには、さまざまな人工物の使用やその中でのふるまい方の伝習が必要だったのである。学力が当たり前の活動の対象となるには黎明期のこうした下準備が必要であった。

文化的対象としての「童貞」

私たちが社会的なデザインのもと、文化的対象を実体化する実践とは、なにも高度な技能を用いる特別な活動ではない。それは特定のコミュニティの成員であり続ける過程であり、ただ日常を生きることであり、そのことがまた私たちを特定の実践にまねき、また文化的対象を実体化させる。文化的対象を共有したコミュニティの成員として生きることが、とりもなおさず文化的対象を実体化させているのである。太っていることを「肥満」とみとめ、不健康な、格好の悪いものとして扱うことが、相互反映的に「肥満」を実体化させ、また維持している。相互反映的な関係とは、双方が双方に影響を与え合うような状況である。この相互反映的な文化的対象の達成メカニズムの例について、青年期の男子の素朴な発達の基準である「童貞」という概念を取り上げたい。それは教科書に出てくるわけでもなく、何かの科学的な診断の基準になるわけでもないが、人々の間に維持され、ある現実感を伴って参照されている素朴な発達観である。

今日において「童貞」ということばは、一般的に、「性交未経験の男性」、もしくは「男性が性交未経験状態であること」という状態を示す。多くの人は童貞ということばに何らかのイメージを描き、童貞であることが社会においてどのような意味をなすかを想像可能であろう。一般には、童貞であることはネガティブな評価を得ることが多い。童貞は未成熟な状態の象徴として取り扱われ、乗り越えるべき状態として認識されている。しかし、童貞ということばが今現在のような意味での童貞として広く用いられるようになるまでには、歴史的な変遷がある。過去の童貞を取り巻くイメージは、現在のそれとは異なるのである。

変わりゆく童貞

本章では、童貞という不可視ながら私たちの認識や行為に影響を与える概念もまた、私たちの日々の実践を通して維持される文化的対象であることを示す。まずは、童貞と名づけられた状態がどのような意味を歴史的に付与されてきたのかを見てみよう。童貞概念の変遷は詳細な文献収集と論考が重ねられている渋谷（二〇〇三）に詳しい。渋谷の記述によれば、童貞ということばは当初、今日的な語義とは異なった使われ方をしていた。ちなみに、性交未経験の状態を指すことばとして童貞ということばが使われ始めたのは、一九一〇年代のことである。また当時の辞書では、「未だ異性と接触しざること、又その者」（『日本大辞典　言泉』一九二二）というように、性別を区別せず、両性に当てはまるものとして童貞を定義している。これが三省堂の『広辞林』一九五八年版では、「主として男性」としている。他の辞書においても、同じような変遷をたどっている。

そして、一九七二年から刊行された『新明解国語辞典』は第一版から男性のみを指している。一九七〇年には、童貞と言えば男性のことである、という了解が成立していたと見てよい。しかし、『広辞苑』『岩波国語辞書』『日本国語大辞典』は、九十年代末以降の最新版においても、いまだ「主として男性」を指すと記述している。

興味深いことに、渋谷によれば一九二〇年代の童貞は学生や知識人の間で「尊い」ものとされていたということである。現代においては童貞を尊いとすることはごくまれであり、「恥ずかしい」、「未熟な」、「情けない」といった否定的なものと捉えられているにもかかわらずである。現代人が当たり前のように童貞を「男性で性交未経験の人」を指す語として用いるようになり、かつそれが「恥ずかしい」と認識されるようになったのは最近のことである。このように、童貞という特定の状態に対する名づけは、常にひとびとの使用の中にある。童貞は私たちの文化が実体化し続ける文化的対象なのである。

恥ずかしい童貞

一九六〇年代以降になると、童貞がマスメディアで頻繁に取り上げられるようになったという。それとともに、童貞蔑視言説が流布し、「童貞＝未熟」、「性体験＝成熟」という価値観が形成されるようになる。平凡パンチ等の青年誌にも、童貞とは恥ずかしいもので、克服し、乗り越えるべきものとして取り扱われている。いわば、童貞は発達課題であるかのごとく認識されるようになったのだといえる。「尊いもの」であった過去の童貞イメージとは異なり、「恥ずかしさ」というひとびとの意味づけと結びつく。この意味づけに伴い、実体をもたない童貞というものにどれだけの人がとらわれてきたのだろうか。もちろん、このことは童貞という文化的対象に限ったことではない。例えば、本書で先に述べた「肥満」や「学力」などのように、私たちの文化において文化的対象は数多く存在している。同様に、童貞も私たちの日々の実践によってのみ実体化される文化的対象のひとつといえる。

現代における童貞は、辞書にある「女性と性交をしたことのない男性」といった意味にとどまらない、さまざまな含意をもつ。童貞は喪失すべき状態と変容し、それどころか、童貞を喪失すべき年齢までもが設定されてしまう。それは童貞喪失年齢の規範化である。今日でも雑誌やインターネット上などで頻繁に童貞について語られるが、そこでは「〇〇歳までに童貞を捨てろ」という童貞喪失年齢の規範化がなされている。

喪失年齢が規範化されるのと同時進行で、喪失年齢を過ぎても童貞である者はあたかも規格外であるかのように語られる。童貞の病理化である。いわく、「気持ち悪い」、「欠陥がある」、「マザコンである」、「性的不能である」など、童貞が何らかの精神的問題と結びつけて語られることも少なくない。この童貞喪失年齢の規範化、病理化、つまり童貞に対しての偏見の実体化により、例えば「やらはた」といったような概念までも形成されてくる。「やらはた」とは、成人（はたち）になるまでに、異性と性交をしていない男性を指して使われることばである。二十歳になるまでに童貞を喪失していない者は、何らかの病理のように語られる、そんな規範化が若者の文化の中で共有されているのである。

童貞アンケート

童貞という、文化的に実体化されているものが、どのようなイメージと結びついているのかについて、ここで二〇〇四年に筆者らが大学生と大学院生の男女に実施した無記名式のアンケート調査（新井ら、二〇〇四）から見てみたい。この調査は、童貞に対してのイメージ、またその構造を明らかにすることを目的としたものである。調査対象者は関東の四年生国立大学の男女一年生から大学院二年生二九七名である。性的なことがらを問う調査内容であるため、調査協力の是非は自由としたところ、有効回答者数は男子学生一〇四名、女子学生一〇三名となった。なお回答者の平均年齢は男性二一・二歳、女性二〇・七歳である。

性交経験については、男性は六四・〇%、女性は七三・三%が「経験あり」と回答した。初経験年齢の平均値は男性一七・九三歳（標準偏差一・八四）、女性一七・九〇歳（標準偏差一・四三）であった。平均値とともに標準偏差を算出することで、例えば男性の場合は一六・〇九歳（一七・九三歳―一・八四）から一九・七七歳（一七・九三歳＋一・八四）までの間に約七十%の調査協力者が性交を経験していることが分かる。

童貞のイメージ

では、大学生、大学院生のもつ童貞に対するイメージはどのような特徴や構造をもっているのだろうか。調査結果を通して、童貞を見る私たちの眼差しについて検討してみたい。この眼差しが、童貞を語り、ふるまう、つまり意味の構築の実践となっている。

調査で得られた童貞のイメージを質問紙で問うたところ、以下のカテゴリが抽出された。まず「恥ずかしい」、「情けない」、「青くさい」、「半人前の」、「未熟な」などといった未成熟さに関するものからなるカテゴリ、次に「まじめな」、「純粋な」、「純情な」、「恥ずかしがりやの」、「シャイな」、「おとなしい」などの項目からなる、「素朴・純粋」を示すカテゴリ、そして「近寄りたくない」、「臭い」、「汚れた」、「気持ちの悪い」などの項目からなる「疎外」イメ

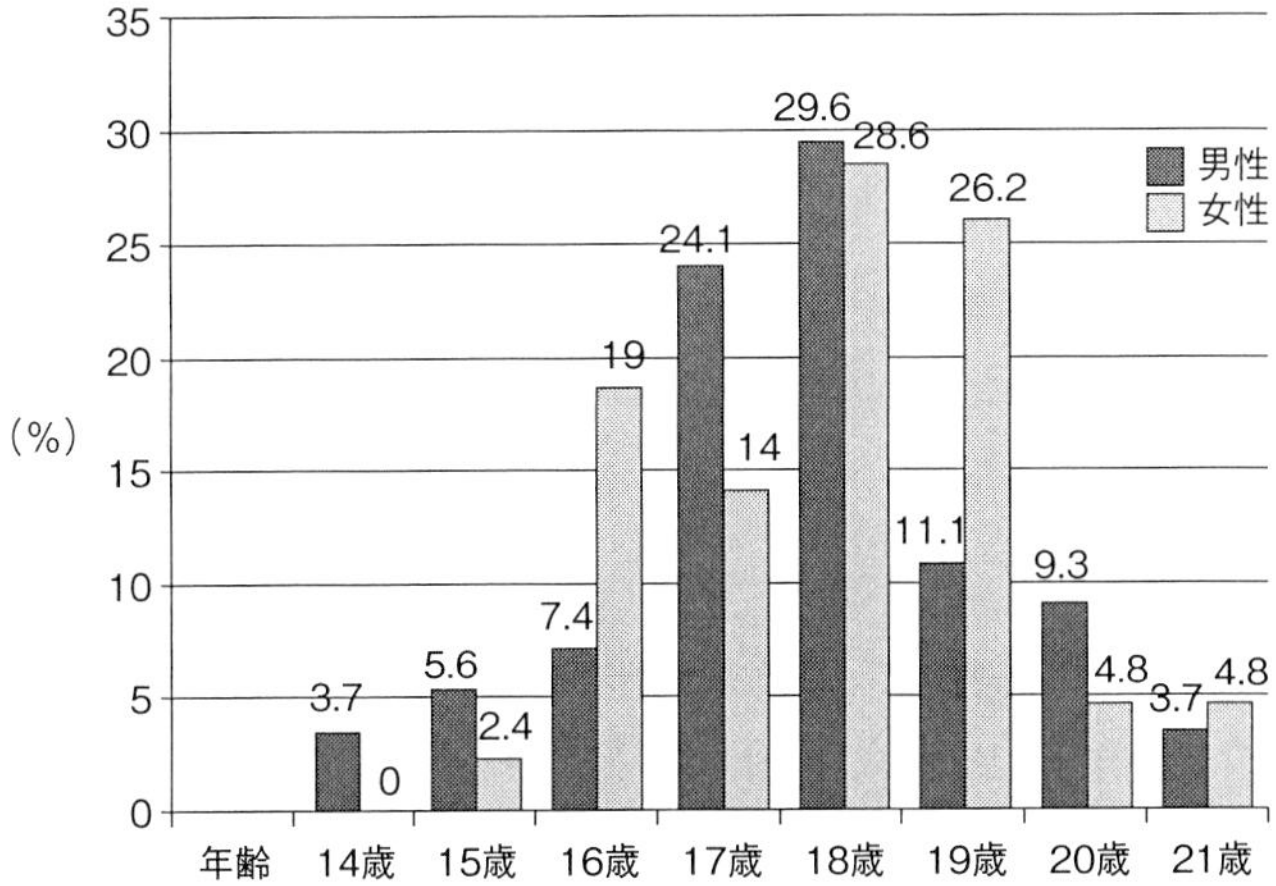

図 20　初経験年齢の分布

表3　カテゴリ化されたイメージ

未成熟	素朴・純粋	疎外
「恥ずかしい」	「まじめな」	「近寄りたくない」
「情けない」	「純粋な」	「臭い」
「青くさい」	「恥ずかしがりやの」	「汚れた」
「半人前の」	「シャイな」	「気持ちの悪い」
「未熟な」	「おとなしい」	

ージが抽出された。

童貞のイメージと、「恥ずかしい」、「まじめな」、「近寄りたくない」などの項目がどの程度関連するかについて、被験者は一点（全くそう思わない）から五点（とてもそう思う）の間で回答している。その回答の傾向を、男女別、また性交経験の有無の別で見てみる。結果として、三つのカテゴリの中でも「未成熟」が、男子大学生の間で童貞のイメージとして強く共有されていることが示された。これは、女子大学生と比べて男子大学生の方がより、童貞が未熟で恥ずかしい、というイメージを持っているということを示している。ここで男子大学生を性交経験の有無で分けて比較したところ、両グループの童貞に対するイメージに差異はなかった。すなわち自らが童貞かどうかに関わらず男子大学生一般が、当事者である自分たちの間で童貞の否定的なイメージを維持し、童貞を乗り越えるべき課題としていたのである。

渋谷（二〇〇三）も、「不潔」、「病的」、「純粋」など一般的に見られる童貞のイメージとして挙げているが、こうしたイメージが主として男性によって形成されていることが分かった。青年男子自らによる、童貞を未熟な存在として実体化させる実践は、かれらに焦燥感・危機感を付与することにつながる。これは先述した「肥満」という現実の成り立ちと似ている。童貞に対する一般的なイメージ、「やらはた」のような概念、各種メディアの童貞に対する言説、同時にこの童貞のイメージ形成に対して焦燥感・危機感をもつことが、文化的対象としての童貞を可視的にする。ただ単に童貞であるからといって恥ずかしく、未熟であったりするわけはない。未熟さや恥ずかしさといったイメージを結びつけて童貞にまなざしを向け、そのまなざしにひとびとの行為が影響を受けることによって、童貞は文化的対象として実体化されていく。

こうして童貞という文化的対象は、男性の成熟をはかる上での重要な要素であるという共通認識が形成される。童貞を喪失することによって、大人に近づき、成熟することができるという認識が共有されている。このことの虚構性または恣意性は疑われないばかりか、日常生活の諸場面に影響を与え、例えば二十歳前までの童貞喪失を焦り、駆け込みで初体験するといったように、私たちの行為を強く方向づける。この構造は冒頭に論じた「肥満」という文化的対象と同型である。「肥満」という虚構性・恣意性もまた疑われることのない実体として、ひとびとの行為を強く方向づけている。肥満をからかわれ悲嘆しての自殺、などは、虚構が現実化した不幸な例の最たるものであろう。

発達課題としての童貞喪失

心理学者のハヴィガースト(一九五三)によって提唱された発達課題の理論によれば、誕生から死までの過程は、人がある発達段階から次の発達段階へ、各段階で出会った問題を解決しながら進んでゆくことから成立しているとする。何かの課題を達成すると、その人は幸福な状態であり、社会からも認められるという。この課題の達成は、後の課題遂行に望ましい基盤を作ることになる。反対に、もしある個人が課題遂行に失敗すると、惨めな気持ちになり、社会はそれを認めず、後の課題遂行に支障をきたすことになるという。

また、発達課題は人間に共通というわけではなく、文化的に規定されるものである。例えば読み書きをするという課題は、文字に依存した文化圏では非常に大切なことであるが、文字使用がなされない文化では、そのような課題は存在しない。成熟／未成熟の基準はコミュニティの成員の実践によって可視にされるため、「発達」の道筋は社会に独立に描くことはできない。

少なくとも日本においては、童貞を喪失するということは、青年男子に流通した発達課題となっているらしい。つまり未成熟から成熟に至る上で達成すべき課題は、心理学が記述した一連の発達課題に限らず、社会集団のメンバーたち自らによって設定され維持され実体化された、多数のバージョンが存在しうるというわけである。社会集団の数だけ、童貞のように当事者たちが設定した発達課題が存在するといっても構わないだろう。こうしたひとびとの発達課題は「素朴発達課題」とでも名づけることができる。素朴発達課題は、参加しているひとびとに継承、実施される多様な実践及び人工物により維持され、実体化されている。適切な調査をすることで、スポーツ選手の、ミュージシャンの、商売人の、研究者の、暴走族の素朴発達課題を記述することが可能だろう。

今日の男子大学生にとって、童貞喪失という素朴発達課題は、語られ、共有され、また童貞を蔑視・卑下する実践を通して、リアリティを帯びる。また「やらはた」のような概念をひとびとが使用することで、この童貞喪失を発達課題化している。発達課題を共有することは、社会的集団のメンバーとしての生を生きることである。したがって社会的集団のメンバーにとっては、文化的対象は実は虚構でも恣意的な概念でもなく、かれらにとっての現実そのものなのである。

童貞は文化的に構築された現実（cultural reality）である。文化的現実としての童貞は、「恥ずかしい」、「未熟である」と見る価値観に基づく実践、「やらはた」という童貞喪失年齢のガイドライン、童貞という概念にまつわるさまざまな言説等、これらデザインの総和と見ることができる。こうした社会的デザインなしに童貞はひとびとから参照可能な文化的現実となりえない。人びとの実践の行使に基礎をおくことで、形なき概念構成体である童貞は、青年男子が日常生活を生きる上においてきわめてリアルな文化的対象なのである。

それは目に見えないにもかかわらず、青年男子たちの行動のリソースになっている概念である。青年たちはかきむしるように狂おしく、行動のリソースとしてこの概念を用いる。発達や成長が何からできているのかを問い直す上で、こうした現象は重要だと思われる。若者らしさは皮膚の内側の問題なのか。童貞という概念は皮膚の内側のものではまったくない。それは宝石の宝石らしさの本質が、その内部だけで決まるわけではないことと似ている。ただキラキラしているから宝石なのではないだろう。何が宝石であるかの決定因は、社会文化的な要素を多分に含む。そうした社会文化との相互作用で、私たちが誰であるかということが作られているのが何より興味深い。

さまざまな人工物を用いて、世界を対象化し、動機をもち、外界の知覚を違えるのが人間の基本的条件である。童貞も学歴も出自も、外から見て分かるような具体的な物理的な何か目印があるものではない。その中で童貞は特に些末でいわばどうでもよいようなことがらである。だがそうした些末な概念が、自らを見る基準となっている。例えばケータイや、プリクラといった人工物に媒介させて、自らの住まう世界をデザインしている私たちが、同じように自分自身に対する知覚をも社会文化的に構築している例である。童貞という概念を媒介として、自分を知覚し、対象化する。こんな風に私たちは自分になるというプロセスを繰り返している。

社会的現実を結ぶ／綻《ほころ》びさせる

ここで取り上げた童貞は、メインストリームな心理学から見ると幾分枠を外れた主題だと思われるだろうが、理論的な視座から見れば、社会的現実の維持メカニズムの一例である。ヴィトゲンシュタインは言語の意味はひとびとの使用によって決定されると論じた。同様に文化的対象はひとびとの使用によって決定されている。冒頭に挙げたクラ交易のような文化人類学的な華々しい事例を挙げるまでもなく、身近で卑近な何気ない当たり前なモノ・コトにも、私たちがその使用によって維持・実体化している文化的対象はある。

私たちは社会的集団のメンバーとしての生を生きること、つまり実践の履行と人工物の利用を通して、文化を維持・構築している。一人ひとりが日常を生きることで、社会的集団は再生産される。逆に現実に忠実な生を生きないことは、社会的集団に綻びを生じさせる。

古い文化的対象が消えていく時、または新しい文化的対象が生まれてくる時は、小さな規則違反、小さな綻びから始まってきたし、これからもそうであろう。一九七一年に日本で最初のハンバーガーショップができ、手軽で持ち運び可能な食べ物が流通し、食事を食卓への固定から解放してしまったことで、立ち食いという「無作法」は消えた。続く七七年にはドライブスルーができ、車の中で食事するという（当時としては）驚くべき無作法が、やがて当たり前になっていく。食事という秩序が社会的なデザインによって解体された例である。また九十年代に入って、民生用の測定機器の普及、医学統計の流布と同時に、体脂肪率という文化的対象が作られ、それをめぐる行為（低インシュリンダイエット、玄米食等）が始まり、相互反映的に体脂肪率はリアリティを獲得していく。社会的現実が作られたといえる。こうした社会的現実の結びと綻びは、文化的存在としての人間を科学する際に無視してはならない重要な条件であろう。

ここまで焦点を当ててきた童貞がそうであったように、私たちは文化的対象に従い日常を生き、そのことがまた相互反映的に文化的対象を維持・形成する。このことは世界観の変更といった大きな問題に私たちを導く。つまり私たちの住まう現実は、文化的対象とそうでないものに二分できるのか、それとも私たちの目に映る現実は、すべて社会的デザインのもとに相互行為することで維持された文化的達成物なのか。「社会的現実を当たり前なものとして取り扱う相互行為」と「社会的デザイン」のセットを分析することで、こうした疑問に答えていくことができるだろう。そうした試みからは、現実をデザインすることで現実の問題を解決していくような応用の可能性も示すことになるだろう。心理学の現実へのアプリケーションの可能性は、この方向にあってもよい。所与の現実をただ生きるのではなく、現実を結び／綻びさせる存在としての人間は、とても強く、可能性に満ちていると考えられる。

DESIGNED REALITY VIII

現実をデザインする

「これから話す内容をどの程度理解できたか、後でテストをする」

授業の冒頭でこう宣言されたら、受講者のほとんどは授業内容の暗記をこころがけるだろう。後でテストされるのだ、内容をちゃんと憶えられたか否かで成績が評価されるのである。こうした事態に対応して、私たちは憶えやすく整理してノートを取る、用語を頭の中で繰り返し唱える、など、暗記に向けた聴き方へと、授業の聴き方を違える。これは学習や教育の場のデザインのひとつの素朴な例である。

講義とは何か。大きな四角い部屋の空気のふるえである。または教室の前に立った、そしてたまにうろつく教師のモノローグである。またはごくたまには、目前の問題解決のヒントとなる知恵である。講義の語りの部分にだけ注目してみても、以上のような多様な捉え方が可能である。世界は多義的でその意味と価値はたくさんの解釈に開かれている。世界の意味と価値は一意に定まらない。講義というような、学生には日常的なものでさえ、素朴に不変な実在とは言いにくい。考えごとをしているものにとっては空気のふるえにすぎず、また誰かにとっては暗記の対象となるだろう。

冒頭の授業者の宣言は授業の意味を変える。すなわち授業のもつ多義性をしぼり込む。空気のふるえや、教師のモノローグを、学生にとっての「記憶すべき一連の知識」として設定する作用をもつ。授業者の教授上の意図的な工夫、または意図せぬ文脈の設定で、その場のひとやモノや課題の間の関係は変化する。ひとのふるまいが変化することもある。呼応した価値を共有する受講者、つまりこの講義の単位を取りたいと思っている者は、聞き流したり興味のある箇所だけノートしたりするのでなく、後の評価に対応するためまんべんなく記憶することにつとめるだろう。

本書ではこれまで、さまざまなフィールドのデザインについて言及してきた。ここで、本書で用いてきたデザインという語についてまとめてみよう。一般にデザインということばは、ある目的を持って意匠・考案・立案すること、つまり意図的に形づくること、と、その形づくられた構造を意味する。これまで私たちはこのことばを拡張した意味に用いてきた。ものの形ではなく、ひとのふるまいと世界のあらわれについて用いてきた。

こうした意味でのデザインをどう定義するか。デザインを人工物とひとのふるまいの関係として表した新しい古典、ノーマンの『誰のためのデザイン』（一九八八）の中を探してみても、特に定義は見つからない。ここではその説明を試みることで、私たちがデザインという概念をどう捉えようとしているのかを示そうと思う。

オーダーメイドな現実

辞書によれば「デザイン」のラテン語の語源は〝de signare〟つまり〝to mark〟、印を刻むことだという。人間は与えられた環境をそのまま生きることをしなかった。自分たちが生きやすいように自然環境に印を刻み込み、自然を少しずつ文明に近づけていったと考えられる。それは大地に並べた石で土地を区分することや、太陽の高さで時間の流れを区分することなど、広く捉えれば今ある現実に「人間が手を加えること」だと考えられる。

私たちはこうした自分たちの活動のための環境の改変を、人間の何よりの特徴だと考える。そしてこうした環境の加工を、デザインということばで表そうと思う。デザインすることはまわりの世界を「人工物化」することだと言いかえてみたい。自然を人工物化したり、そうした人工物を再人工物化したりということを、私たちは繰り返してきたのだ。英語の辞書にはこのことを表すのに適切だと思われる〝artificialize〟という単語を見つけることができる。アーティフィシャルな、つまりひとの手の加わったものにするという意味である。

デザインすることは今ある秩序（または無秩序）を変化させる。現行の秩序を別の秩序に変え、異なる意味や価値を与える。例えば本にページ番号をふることで、本には新しい秩序が生まれる。それは任意の位置にアクセス可能である、という、ページ番号をふる以前にはなかった秩序である。この小さな工夫が本という人工物の性質を大きく変える。他にも、一日の時の流れを二四分割すること、地名をつけて地図を作り番地をふること、などがこの例である。こうした工夫によって現実は人工物化／再人工物化され、これまでとは異なった秩序として私たちに知覚されるようになる。冒頭の例では、講義というものの意味が再編成され、「記憶すべき知識群」という新しい秩序をもつことになったのである。

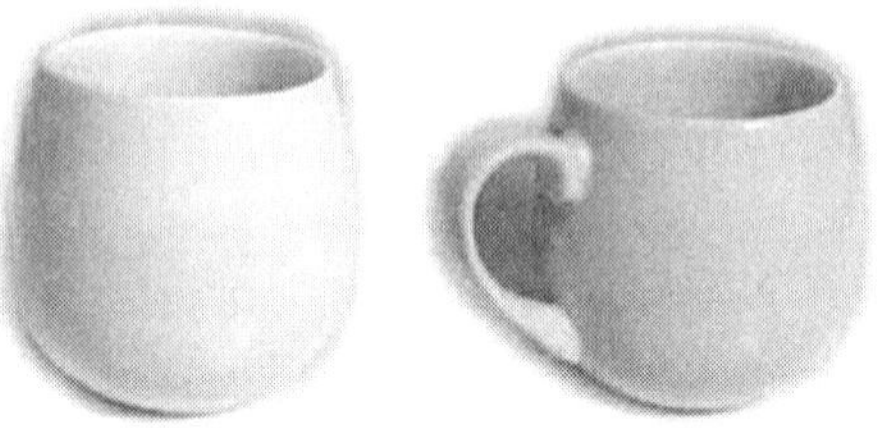

図21　持ち手をつけたことでのアフォーダンスの変化

　今とは異なるデザインを共有するものは、今ある現実の別のバージョンを知覚することになる。あるモノ・コトに手を加え、新たに人工物化し直すこと、つまりデザインすることで、世界の意味は違って見える。例えば、図21のように、湯飲み茶碗に持ち手をつけると珈琲カップになり、指に引っ掛けて持つことができるようになる。このことでモノから見て取れるモノの扱い方の可能性、つまりアフォーダンス（ギブソン、一九七九）の情報が変化する。

　モノはその物理的なたたずまいの中に、モノ自身の扱い方の情報を含んでいる、というのがアフォーダンスの考え方である。鉛筆なら「つまむ」という情報が、バットなら「にぎる」という情報が、モノ自身から使用者に供される（アフォードされる）。バットをつまむのは、バットの形と大きさを一見するだけで無理だろう。鉛筆をにぎったら、突き刺すのには向くが書く用途には向かなくなってしまう。

こうしたモノの物理的な形状の変化はひとのふるまいの変化につながる。持ち手がついたことで、両手の指に一個ずつ引っ掛けるといっぺんに十個のカップを運べる。

ふるまいの変化はこころの変化につながる。たくさんあるカップを片手にひとつずつ、ひと時に二個ずつ片付けているウェイターを見たら、雇い主はいらいらするに違いない。持ち手をつけることで、カップの可搬性が変化する。ウェイターにとってのカップの可搬性は、持ち手をつける前と後では異なる。もっとたくさんひと時に運べるそのことは、ウェイターだけでなく雇い主にも同時に知覚可能な現実である。ただ単に可搬性にだけ変化があっただけではない。これらの「容器に関してひとびとが知覚可能な現実」そのものが変化しているのである。

ここで本書の内容にかなったデザインの定義を試みると、デザインとは「対象に異なる秩序を与えること」と言える。デザインには、物理的な変化が、アフォーダンスの変化が、ふるまいの変化が、こころの変化が、現実の変化が伴う。例えば私たちはきた物をデザインしてきた。裸足では、ガレ場、熱い砂、ガラスの破片がちらばった床、は怪我をアフォードする危険地帯で踏み込め

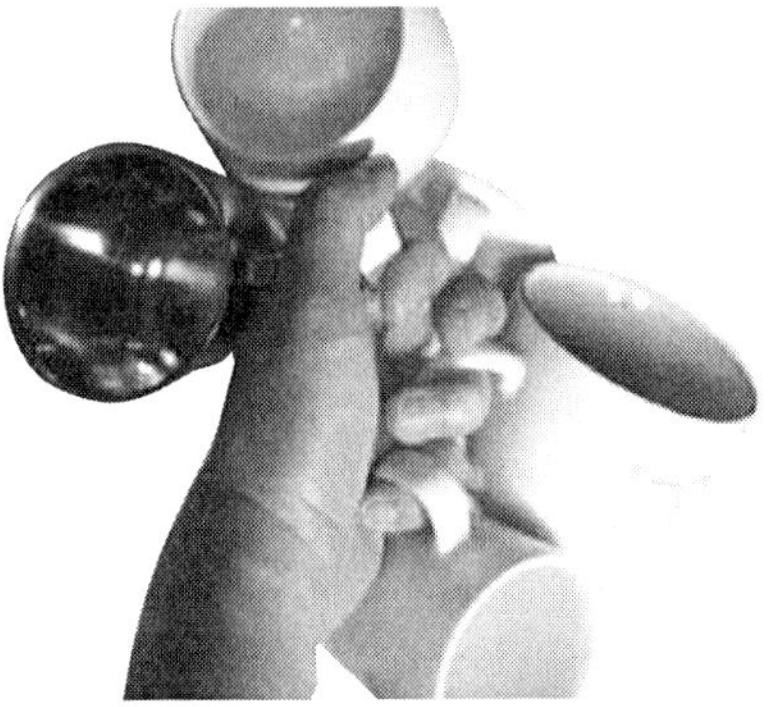

図22　アフォーダンスの変化による行為の可能性の変化

ない。はき物はその知覚可能な現実を変える。私たち現代人の足の裏は、炎天下の浜辺の乾いた砂の温度に耐えられない。これは人間というハードウェアの性能の限界であり、いわばどうしようもない運命である。その運命を百円のビーチサンダルがまったく変える。自然の摂理が創り上げた運命をこんな簡単な工夫が乗り越えてしまう。はき物が、自転車が、電話が、電子メールが、私たちの知覚可能な現実を変化させ続けていることは、その当たり前の便利さを失ってみれば身にしみて理解されることである。そしてまたその現実が、相互反映的にまた異なる人工物を日々生み出していることも。

私たちの住まう現実は、価値中立的な環境ではない。文化から生み出され歴史的に洗練されてきた人工物に媒介された、文化的意味と価値に満ちた世界を生きている。それは意味や価値が一意に定まったレディメイドな世界ではない。文化や人工物の利用可能性や、文化的実践によって変化する、自分たちの身の丈に合わせてあつらえられた私たちのオーダーメイドな現実である。人間の文化と歴史を眺めてみれば、人間はいわば人間が「デザインした現実」を知覚し、生きてきたといえる。このことは人間を記述し理解していく上で、大変重要なことだと思われる。

心理ダッシュ

さてここで、あるモノ・コトのデザインによって変化した行為を「行為´（こういダッシュ）」と呼ぶこととする。これまでとは異なる現実が知覚されているのである。もはやそこは、このデザイン以前と同じくふるまえるような同じ現実ではないのである。そうした現実に対応した行為にはダッシュをふってみよう。例えば、前後の内容を読んで、本の中から読みかけの箇所を探す時の「記憶」・「想起」と、ページ番号を憶えていて探し出す時の「記憶」とでは、その行いの結果は同じだがプロセスはまったく異なる。読み手から見た作業の内容、掛かる時間や手間はページ番号の有無でまったく異なる。読みさしの場所の素朴な探し出しが昔ながらの「記憶」活動ならば、ページ番号という人工物に助けられた活動は「記憶（きおくダッシュ）」活動ということだ。台所でコップを割ってしまったが、台所ブーツをはいているので破片を恐れずに歩くのは、もうそれまでの歩行とは違う「歩行」。「今日話す内容をテストする」、と言われた時の受講者の記憶は「記憶」。人工物化された（アーティフィシァライズされた）新たな環境にふるまう時、私たちのふるまいはもはや単なるふるまいではなく、「デザインされた現実」へのふるまいである。

買い物の際の暗算、小学生の百マス計算での足し算、そろばんを使った足し算、表計算ソフトでの集計、これらは同じ計算でありながらも行為者から見た課題のありさまが違う。それは「足し算」だったり「足し算」だったり「足し算」……する。ただし、これはどこかに無印（むじるし）の行為、つまりもともとの原行為とでも呼べる行為があることを意味しない。原行為も、文化歴史的に設《しつら》えられてきたデフォルトの環境デザインに対応した、やはり「行為」であったのだと考える。ページ番号がふられていない本にしても、それ以前のテキストの形態である巻き物から比べれば、読みさしの箇所の特定はたやすいだろう。

人間になまの現実はなく、すべて自分たちでつくったと考えれば、すべての人間の行為は人工物とセットになった「行為′」だといえるだろう。

人間は環境を徹底的にデザインし続け、これからもし続けるだろう。動物にとっての環境とは決定的に異なる「環境′（かんきょうダッシュ）」を生きている。それが人間の基本的条件だと考える。ちなみに、心理学が批判されてきた／されているポイントは主にこのことへの無自覚さだと思われる。心理学実験室での「記憶′（きおくダッシュ）」を人間の本来の「記憶（むじるしきおく）」と定めた無自覚さが批判されているのである。

「心′理学（しんりダッシュがく）」の必要性を指摘しておきたい。人間の、現実をデザインするという特質が、人間にとって本質的で基本的な条件だと思われるからである。人間性は、社会文化と不可分のセットで成り立っており、ヴィゴツキーが主張する通り私たちの精神は道具に媒介されているのである。したがって、「原心理」なるものは想定できず、これまで心理学が対象としてきた私たちのこころの現象は、文化歴史的条件と不可分の一体である「心′理学」として再記述されていくであろう。この「心′理学」は、つまり「文化心理学」（コール、一九九六、田島編、二〇〇八他）のことである。文化心理学では、人間を文化と深く入り交じった集合体の一部であると捉える。この人間の基本的条件が理解された後、やがて「′」は記載の必要がなくなるものだと思われる。

学習環境はデザインできるか

具体的な場面での少し込み入った事例を紹介する。ここでは大学の講義をデザインしようとした過程を、学習環境のデザインの例として示す。異なる秩序を講義に与えようとした過程である。成功例、失敗例というのではなく、デザインによってその場面、その集団の秩序が変わることを例示したい。

情けないことに、学習環境のデザインを研究しながら、自らの講義デザインに長く無自覚だった。FD（Faculty Development：大学教員の授業・教授方法の改善・向上を目的とした組織的取り組みの総称）での公開授業などいろいろなことが同時に起こり、自分の講義が自分の研究の対象になる／すべきであることに思い至るまでは。

教具、ルールなどの人工物やメールでのレポート提出等の実践を用いて、学習環境をデザインすることが、何を引き起こしたのか示そう。異なるデザインのせいで、これまで知覚できなかった異なる秩序が発生したことを示そうと思う。授業者として、何をデザインしたのかということについて、複雑なダイナミズムの中の、メーリングリストやメールという学習資源だけにしぼって記述してみよう。

メーリングリストやメールという人工物を用意したことで、それを頻繁に利用するものとしないものを分けた。参加の程度、強度を可視化してしまった。驚いたことに、頻繁に利用するものを優秀だと見積もっていた。そのことに気づいた時はそうとう驚きを感じた。メールをよく使うか否かで、教員とよくコミュニケーションをとるか否かで、能力が見積もられている。これは、学生からしてみれば大変なことである。しかしこのことは教育に不可避だと思われる。ある授業デザインはあるものを招き、あるものを拒む。ふるい上げたり、ふるい落としたりの効果をもつといってもいいだろう。グループワークに積極的で「有能」なハナコさんは、百マス計算が嫌いで有能に見えないかもしれない。逆もありうる。「考えを論ぜよ」形式の試験が嫌いで、たくさんの用語を暗記し、再生する試験が得意な学生もいるはずだし、事実少なくない。

授業とは極端に言えば授業にのれる子だけを集めている仲間作り、学派作りみたいなものといえる。最大多数の最大幸福のジレンマの教育バージョンといっても良い。つまり同時に最小少数の最大不幸が発生することを意味する。どうすればよいか？　ノーマンの著書にこたえを探すと、デザインの柔軟性と書いてある。インダストリアルデザインの世界にこたえを求めると、バリアフリーやユニバーサル・デザインと言われている。これはデザインとは最大多数を照準するべきだ、といっているにすぎない。

これは学習環境デザイン基準の倫理上のこたえであり、現実的なこたえではない。みんなが取り組めるデザインは素晴らしい。だが同時に、授業者は自分の学習環境のデザインに深く呼応した特別な学生を特別に育てたい欲求がある。事実上、そのデザインにのれない不参加者は捨て駒になることすらありうる。教育は平等であるべきと信じる（大学に来た時点でもう平等ではないが）。皆を利するべきと信ずる。しかし授業のデザインは好みの仲間作りの側面が強くある。ふるい落としているものの上に成り立つことを意識し続けるしかない。誰をふるい落としているか意識し続けることにしてみる。そうしないとふるい上げているものが何なのかも分からなくなるから。

複雑さの回復

だがこうした授業者としての態度表明も現実的ではない。授業を工夫することで与える影響の可能性は無数であり、あるデザインが誰にとっての利益で誰にとって不利益かは授業者には想定不可能だからである。それならば授業に参加者デザインを取り入れてみるとする。受講生に手の内をさらし、種明かしし、授業をともにデザインする参加者の役割を割り当ててみる。このことで授業を眺める視野は参加者の人数分、複雑になる。授業者が授業デザインの善し悪しを判断するような一方通行は成り立たなくなる。こうなると授業は現実とちょうど同じような複雑さをもつことになり、誰かにとっては良いデザイン、誰かにとっては悪いデザインとなる。

デザインを受講生にオープンにすることは、時に混乱を引き起こすこともある。つまり授業のあり方をあまりに複雑にする。観察していたある大学講義では、授業者は講義デザインへの意見を電子掲示板に書き込むよう受講生に求めた。しかし講義デザインへの忌憚ない意見が集まると、時にそれは秩序の崩壊のように見えた。文句が書き連ねられているように見えたのである。教員の権力性が瓦解したように見えた。教員の権力性の瓦解は、講義を講義として見えなくさせる。いわゆる学級崩壊と似たメカニズムである。講義における一方通行の権力関係を解体させて、双方向の豊かなひとのまじわりを賦活するデザインの試みだったはずが、権力関係を解体させても、豊かなひとのまじわりには見えてこないように感じられた。

授業デザインを受講者にオープンにすることで、授業のあり方は複雑さを増す。正確には、授業とはひとの集まる営みでありもともと複雑だったにもかかわらず、授業という物語の強さにそうした複雑さがかすんでいたというべきだろう。授業とは、教師が伝達し学生が受け入れる、という伝達モデルで捉えられてきた。その物語は強くその場をデザインしてきた。複雑さの回復は単純だったはずの授業の現実をゆさぶる。どうしたものか。

こうして、教師は問い続けることになる。結局教師は教師らしく、学生は学生らしく、決められた役割をふるまうのが良いのかと。授業というひととひととの営みの複雑さに単純な秩序を割り当て、教え学びの明確な学習の物語にのせた方がいいのではないだろうかと。こうした複雑さと秩序の議論は、歴史的に多くのコミュニティが経験し、実践し、常に継続している問であるといえるだろう。「学習環境のデザイン」とはロマンチックな表現だ。だがその裏で、ひととひとのインタラクションの複雑さをどう手なずけるか、という政治性と分かちがたくある。

運命を再デザインする――Every man is the artisan of his own fortune

道具や制度やチームといった人工物と不可分性な一体となり、複雑さを手なずけ、その場に新しい秩序を生み出すことは、人間の可能性でもある。運命的なことはデザインで変わりうる。ビーチサンダルの例を思い出して欲しい。百円出せば足裏の耐熱性能を何倍にもできるのである。

インターネット以前のことだが、ある時電子メールのやり取り相手に、視覚的ハンディキャップがあることが分かった。ずいぶんとやりとりを続けた後だった。相手はこちらの興味本位な質問にこたえて、文章を読み上げる機能を持ったスピーチシンセサイザーという装置のことを教えてくれた。その装置と利用スキルのせいで、メールでのやりとりに関しては視覚的ハンディキャップはまったく不可視であった。知覚できないものは事実上存在しないものともいえる。

そもそも私たちはデザインされた現実を生きている。ならばそれは再デザイン可能だろうし、実際再デザインは常時進行中である。デフォルトの、与えられた揺るぎない固定的な現実ではなく、デザインされた現実を生きていることは、基本的に非常に素晴らしいことであり、運命的なことに縛られない人間の希望だと考えられる。古代ローマの政治家アッピウス・クラウディウス・カエクスは自身の命題集の中に「誰もが自らの運命の建築家である（Homo faber est suae quisque fortunae.）」ということばを残している。ホモ・ファーベル（homo faber）とは、つまり運命を工作する人である。

運命の例をもうひとつ挙げよう。私たちは夜暗くなって一定の明るさ以下になると色の見分けがつかなくなり、最後には何も見えなくなる。つまり運命的に暗闇ではものが見えず、移動もできない。これは人間の生まれつきの種としての運命であり変えようがない。一方で夜行性の動物は、網膜上の光を感じる細胞の構成が異なるため、そもそも暗闇に強いのである。しかしこの運命は私たちの遠い祖先が松明《たいまつ》を持つことで変わった。ろうそく、提灯、オイルランプ、懐中電灯、ヘッドライトは、私たちに生まれつき備わらなかった暗闇での移動可能性を、後天的に可能にする人工物である（視覚障害者はまた異なる人工物と工夫で移動可能性を作り上げている）。また街灯のように街ごと照らす工夫や、人工衛星を用いたGPSナビゲーションのような大がかりな工夫も、私たちの夜間の移動可能性を変える。こうして生まれつきの性能を、簡単な道具から大がかりな工夫まで用いて、自分たちの手で改変するのが人間の特徴である。

いまや百円の懐中電灯で、私たちは周りの闇を追い払うことができる。そして百円の懐中電灯の背後には、フィラメントの開発、電池の開発、その過程で淘汰された技術やひと、次の主役の座を狙う技術やひと、こうしたダイナミズムがあり、それは今も起きていてこれからも続いていく。こうして先天的には昼行性動物であった私たちは、集合的に人工的夜行性動物になったのである。えらがないので水中で呼吸できないが、私たちはスクーバ装置を開発した。羽根がないので空は飛べないが、私たちは飛行機を開発した。眼鏡やコンタクトレンズがない時代、私たちはどうやって見ていたのだろう。水道のない時代、電話のない時代、地図のない時代、コピー機のない時代、冷蔵庫のない時代……、そうした頃が想像がつかないほど、私たちの生活の当たり前は私たちの創り上げてきた人工物と一体である。故障や事故や天変地異でそうした人工的な工夫を失って初めて、私たちが文化に媒介された世界を生きていることを知る。生まれつきの身体からずいぶん遠くまできてしまった、という後戻りのできなさを感じるのである。

DESIGNED REALITY IX

ふりかえりガイデッド・ツアー

本章では、これまで本書で示してきたことがらをふりかえっておきたい。高校生が作るプリクラの文化、ケータイ文化、腐女子が作るコスプレやヤオイ文化、または童貞という意味が形成されていく文化……、こうした事例を通して、私たちが特定の価値や意味、社会秩序を共有するコミュニティに、巻き込まれるように参加していく様を示してきた。その過程はさまざまの人工物と文化的実践への志向を含む具体的なものだった。私たちの精神は、抽象的な何ものかではなく、きわめて具体的な社会文化の反映であった。そしてその精神に映し出される現実は、コミュニティに特有の社会文化的ゲシュタルトであった。

例えばコスプレは、奇妙な精神のなせる独創ではない。ごく黎明期のそうした時期を遠く過ぎ、今では実践の具体的な様式をもつ。でたらめに思いついた個人的な趣味ではない、という意味で社会秩序である。この秩序を維持し、この秩序にかなうように、メンバーは特定の人工物と文化的実践を行う。そのことでまたコスプレという秩序が維持されていく。こうした相互の洗練の中で、現実は手ごたえをもって顕現している。なまの現実があるのではなく、人工物のインタフェース（操作性のデザイン）越しに立ち現れた現実しかない。すなわち、現実とは人工物によってデザインされた相対的な見えである。

ドイツの生物学者ユクスキュルは一九三四年、その著書「生物から見た世界」の中で「環世界」というる奇妙なアイディアを展開している。それはこの世界が多元世界であるというSFのようなアイディアである。だがSFどころか、誰もが納得するような非常に分かりやすい話である。彼は生き物ごとに世界は異なるというのである。彼の本の前書きは不思議な旅行記のようである。

このような散策は、日光がさんさんと振りそそぐ日に甲虫が羽音を立てチョウが舞っている花の咲き乱れる野原から始めるのがいちばんだ。野原に住む動物たちのまわりにそれぞれひとつずつのシャボン玉を、その動物の環世界をなしその主体が近づき得る全ての知覚標識で充たされたシャボン玉を、思い描いてみよう。われわれ自身がそのようなシャボン玉の中に足を踏み入れるやいなや、これまでその主体のまわりにひろがっていた環境は完全に姿を変える。カラフルな野原の特性はその多くがまったく消え去り、その他のものもそれまでの関連性を失い、新しいつながりが創られる。それぞれのシャボン玉の中に新しい世界が生じるのだ。

（ユクスキュル、一九三四）

このファンタジックな旅行記は、他の生物の知覚で世界を見てみるという思考実験である。他の生き物になって、その生き物の知覚器官で世界を眺める。そのとたんに世界は様変わりしてしまう。有名なマダニの例を示そう。マダニには視覚・聴覚がないが嗅覚、触覚、温度に対する感覚はすぐれているという。

そしてひっそりと木の上で、その限定された知覚センサーで世界を見続ける。血を吸うべき獲物の動物を待ち構える。このマダニにとっての獲物とは何か。獲物の動物は酪酸の匂いと温度、触覚という限られたセンサーによってのみ知覚されるのである。同じ動物に私たちが出会ったら、荒い鼻息や草を踏みしめる音、どう猛そうなつらがまえ、むせかえる獣臭などを知覚するだろう。

生物によって持てるセンサーの種類と性能は異なる。だがどんな生物にとっても世界は世界である。マダニにとってはそれが世界のすべてであり、私たちにとっても私たちの知覚する世界が世界のすべてである。犬は私たちの可聴範囲を超えた音を聴き、ガラガラヘビは私たちには不可視な熱（赤外線）を見ることができる。私たちも他の種から見たら限定的な知覚センサーしか持たない。それでも私たちは知覚の限界のせいで世界に何かが欠落しているようには決して思わない。世界は世界なのである。

このようにユクスキュルは、その種にとっての特有の世界、「環世界」というアイディアで世界の多様性を思弁してみせた。つまり誰にとっても同じに捉えられるような、不変の実在としての世界をいったん止めて見せた。世界の客観的実在性の一時停止を鮮やかに行ったわけである。こうした世界の種固有性は、知覚器官の違いでおこるだけではない。ユクスキュルの環世界を私たちにも当てはめてみよう（実際彼は同書の中で人間の場合についても言及している。例えば数学者の環世界、天文学者の環世界などといったように）。

私たちにとってみれば、社会的なこと、文化的なことも知覚に影響を与える。例えば身近なところで、「泣きわめく赤ん坊」と「むずかる赤ん坊」という赤ん坊の泣き声の捉え方の違いはどうだろうか。「むずかる」と捉えている場合、この泣き声は赤ん坊の不満の「メッセージ」として知覚されており、泣きわめいている場合は単に「ノイズ」である。育児の技能や知恵、役割や関係など、観察者の社会文化的条件によってこの事態の意味はノイズなのかメッセージなのか大きく異なる。

こうした例はいくらでもある。魚屋の魚の知覚、八百屋の野菜の知覚など、専門家の見て取るものは素人と同じではない。また技能を学習するにしたがってそれまで見えていなかったことが見えてくることも日常的に経験することである。「ブレーキ」は子供でも分かるが「エンジンブレーキ」は運転者にしか知覚できない現象である。料理や裁縫や楽器の演奏などで、そうした見えの変化は身近だろう。また特定の人工物の導入で見えるようになる現実もある。ケータイの電波の強さ、体脂肪率、温度・湿度、東西南北、などは私たちが後天的に人工的に獲得した知覚能力である。

現実とは、こうして考えると観察の実践である。見る要素と見ない要素の複雑な文化的パターンである「星座」のたとえがこのことをよく説明するだろう。星座とは安定した固定的な現実ではない。それは観察に相対的な現実の例である。ある星座を見るためには、ある星を特に見て、それ以外の星を特に見ないという観察を行う。星座それ自体が私たちのまなざしを調整し、ある観察を組織し、数多ある要素の組み合わせと無限の解釈の可能性の中からある事実を選択させる対象化の装置になっている。こうしてある現実を見るためには、ある要素に目をこらし、同時に非常に多くの要素を見ないという実践をする必要がある。そうしなければ満天の星の中から星座を見て取ることは不可能である。現実のあるバージョンを見て取ることは、数多あるさまざまの要素の選択と無視の実践に他ならない。人間は現実をデザインすることで、こうした観察の制御、特定の要素の対象化をしているともいえる。

結論として、私たちにはユニバーサルなユニバース（普遍的な世界）はない。あるのはメンバーに共有されたコミュニティの現実である。それはひとびとの実践であるがゆえに根深く頑強である。例えば女性に女らしさを見て取り、性役割を期待することは、誰かの思いついた勝手な独創ではない。ひとびとの実践で維持していることである。例えばアパレル産業、美容産業がどれだけ巨大なものか言うまでもないだろう。性を装いふるまう個々のたゆまぬ実践があるので、この「性差可視化マーケット」は維持されている。ひとびとの素朴な実践であるがゆえにこの現実は頑健で変化を拒む。それゆえ、再デザインが可能なことでもある。ただしここから先は政治的な交渉と闘争のプロセスとなるだろう。

さて、では私たちの環世界、現実のデザインを見て回るガイドツアーにお連れしよう。現実はどのようにデザインされているのか、またどうデザイン可能なのかふりかえってみたい。知覚、人工物、学習という三点から私たちの世界の当たり前がどうやって作られているのかその舞台裏に迫ろう。各節には練習問題を配置しているので、是非考えてみていただきたい（解答例は特につけていない）。

それではいざDesigned Reality、デザインされた現実の世界へ。

「知覚」ツアー

＊センサーに相対的な現実

自分は教室に座っている、チューインガムの味が抜けた、外が雨である、椅子が硬い、隣に友達がいる、雨の音がする、石鹸の匂い、ｅｔｃ……、こうした世界の認知の仕方を知覚という。人間はおもに五つのセンサーを利用して世界を知る（視覚、聴覚、嗅覚、味覚、皮膚感覚の五感。他に内臓や内耳の感覚も用いる）。興味深いことに、①私たちの世界はこの五つのセンサーの情報によってのみ作られている、②これらセンサーの感知範囲の情報によってのみ作られている。例えば人間は磁力をセンスしない、また例えば目は可視光線と呼ばれる約三八〇～七八〇nmの領域の電磁波しかセンスできない。ダニは動物の皮脂腺から出る酪酸と温度だけをセンスする。こうもり、イルカはいわゆる超音波をセンスする。犬は匂いを強くセンスし、ヘビは温度をセンスする。つまり世界は、生物のセンサーの種類と性能に相対的に顕現する。それはいわば主体的環境、環世界と呼べるものである。

練習問題1：犬になって匂いで構成される世界を思いなさい。ヘビになって温度感覚データで構成される世界を思いなさい。

＊ 文化に相対的な現実

「心不在焉視而不見聴而不聞（心ここに在らざれば視れども見えず聴けども聞こえず）［礼記－大学］」

このことわざは、私たちの世界の認識のあり方をよく表す。光や音を受けるから見えたり聞こえたりするのではない。それを知るこころがなければそれは何でもない。人間は刺激（光、音といったエネルギーや化学物質）を知覚するのではなく価値や意味を知覚している。何が価値や意味であるかは文化的な学習の上に成り立つ。センサリー（感覚）データ、つまり外界の刺激は単に空《くう》であり、何も認識させない。例えば先天盲のひとが開眼手術を受け視覚ハードウェアが再機能しても、つまり視覚センサリーデータが脳に送られても、それだけでは何も意味ある形象が知覚できないことが実際に報告されている。適切な時期の十分な学習があって初めて視覚データは意味と結びつく。

例えばダシなどの旨みを考えてみたい。魚ダシを口にした時に舌の上の味蕾から脳に流れるセンサリーデータは価値中立で万人に等しいかも知れないが、慣れない外国人には「くさみ」として、日本人には「旨み」として、それぞれ意味・価値は異なって知覚される。同じ刺激であっても文化によって異なって解釈されており、異なった意味と価値をもつからである。刺激には意味がない。私たちの遺伝的な特性には意味や価値を解釈する仕組みはない。くさみと旨みを分かつのはひとえに文化的な影響である。

もちろん「旨み」は文化を超えている、という考えもあるだろう。私たちの知覚が文化的なもの・社会的なものの影響を受けないとする考え方である。そうした、人間のあり方が社会文化ではなく自然に起源をもつという考え方をナチュラリゼーション（自然主義的解釈）と呼ぶ。例えば男女の間には歴然とした性差があること、これは自然の摂理だと考えるような捉え方がナチュラリゼーションである。このことについては後に議論し、今は外界の刺激の意味の解釈が私たちの皮膚の中にもともとあるわけではないことを、引き続き示そう。

例えば、ロック・ミュージックに特有の電気的に歪《ひず》まされた音はどうだろうか。これはディストーション・サウンドと呼ばれるが、その聴覚センサリーデータは、その文化の価値や意味を共有しないものにとっては雑音と解釈される。ディストーション・サウンドの歴史は一九四七年までさかのぼる。この年、出力が大きく電気的に増幅しやすい構造のエレキギター（ソリッドギター）が開発され、一九六一年にはレコーディング中にミキサーの故障で歪んだ（ファズな）ギター音が録音される。それを気に入ったエンジニアが同じ音を再現する回路を設計し、「ファズ」な音が作られる。ジェフ・ベック、エリック・クラプトン、ジミー・ペイジ、ジミ・ヘンドリックスといったギタリストが新たな表現のために奏法や機材を工夫するとともに、歪んだ音が一般化し、音楽ファン、ロック・ファンの間で顕著に支持され出す。それはロック・ミュージックのコミュニティにとっては雑音ではない。むしろ新しい秩序となる。この新しい音楽の秩序は、一九六五年に発表されたローリング・ストーンズのあの有名な曲、〝(I Can't Get No) Satisfaction〟のキース・リチャーズのリフ（ギターの定型のフレーズ）において決定的になったといえる。そしてノイズではなく音楽的と知覚することで、そうした意味と価値を共通に志向するそのことで、かれらはロック・ミュージック・ファンであるということもできる。

知覚とは外界の情報を単に入力することではなく解釈することである。解釈はギターの歪んだ音の例のように文化的である。ディストーション・サウンドを雑音ではなく音楽の秩序として知覚することは、生得的なことがらでは決してない。同じく魚ダシをくさみと解釈するか旨みと解釈するかは生得的なことではない。私たち人間の知覚は、私たち人間が後天的に作ってきたものということができる。つまり私たちの知る現実世界は、社会文化的にデザインされているのである。だからといって単純な知覚決定論（知覚が一方向的に現実を規定すること）は避けるべきであろう。知覚の自由はある時私たちに開かれ、ある時身体や社会や文化に強く制約されている。明らかなことは、人間にとって神様が創ったなまの現実というのはないということである。

練習問題2：寿司を食べる文化に長く参加したあなたと、不慣れな外国人それぞれにとってわさびのセンサリーデータはどう解釈されると思うか。ドリアンは？　くさやは？

「人工物」ツアー

＊私という秩序

私の存在のあり様は揺るぎなく内側から私を作り上げているように感じられる。性別、性格、趣味、志向、政治的態度、宗教心、好きな異性のタイプ、体重、身長、学歴、知能、美醜、年齢、体脂肪率、ｅｔｃ……。やろうと思えばいくらでも、私たちは自らに関するこうした情報を読み上げることができる。問われれば、こたえることがはばかられなければ、こうした私を編み上げる情報を他者に伝えられる。では、こうは考えられないだろうか。私という存在もまた、人工物と文化的実践とで編み上げた秩序なのだと。体重計がない時代の体重も、知能テストのない時代の知能も、それらは本来あるのに計測されなかった属性ではなく、体重計や知能テストという人工物や、体重や知能が意味や価値をもつようにする文化的実践で組織しているものだと。

人工物と文化的実践が、私という現実の秩序を手触りのあるものにする。人工物や文化的実践によって可視化されない現実の秩序は空《くう》である。人工物は現実に見えを与えるインタフェースの作用をもつ。媒介の作用といってもよい。インタフェースされない現実は空であり、現実は知覚可能な秩序である以上必ずインタフェースされている。つまり現実とはデザインされたものであり、私たちは現実をデザインし続ける存在として生きている。そして何を活動の対象として見て取るのか、ということと、私とは誰で何を動機としてもつのか、ということは強く連関するのである。

練習問題3：肥満を可視化する社会的条件を挙げてください。肥満を不可視にする社会的条件を挙げてください。

＊ナチュラリゼーション、実在のデザイン

一方で私たちが認識する以上肥満は現実だ、社会的文化的に構築されたものではない、という考えもありうる。もしくは、百歩譲って肥満や童貞、知能は社会的構成物でもよいが、例えば性別は自然の摂理に起因する現実だ、揺るぎない確かなものだ、という考えもありうる。こうした態度が先述したナチュラリゼーションである。社会的条件によって可視化され実体化されている秩序を、自然に起源をもつ絶対的なものと判断する考え方である。

ナチュラリゼーションになぜ説得力があるのか説明を試みたい。例として物体の運動を用いてみる。十四世紀のフランスの司祭ビュリダンは、ものの動きの理屈を説明するのに、運動するものの内部にあって働き続ける架空の推進力、「インペトゥス」を想定した。ものを動かすとインペトゥスが分け与えられ、いつか空気や地面の摩擦力と拮抗するまではものを推進し続ける、というのがその当時の最新科学であっ

た。調査をしてみると、二一世紀の今でも多くのひとは等速で運動する物体には進行方向に推進力が働き続けていると信じ込んでいる。こうした素朴な「インペトゥス理論」は科学的には過去のものではあるが、今でも科学の文脈を離れれば一般的だということである。

実際には一定の力をかけ続けるとものは加速してしまうので、これは科学的には誤概念である。しかし、地球上では力をかけていないと減速するのもまた事実である。等速で自動車を走らせるためには、常にアクセルを適度に調整しつつ踏み続けなければいけない。こぐことを止めれば、摩擦のせいで自転車は必ず止まる。つまり地球におけるデフォルトの環境デザイン（重力、空気抵抗、路面摩擦などの自然環境、タイヤの摩擦を利用した移動方法、またそうした人工物を利用する社会、等々）のもとでは、ひとは普通に暮らしていればインペトゥス理論を信じるにいたる。つまりインペトゥスは、「科学的事実」ではないが、デフォルトの環境デザインにおいて立ち現れる「素朴な事実」だということである。いつか宇宙時代がくれば、そこではインペトゥス理論はなくなるだろう。摩擦のない宇宙空間では噴射を止めても宇宙船は永遠に動き続けることとなるため、等速運動に推進力が必要ないことはきわめて明らかなはずである。そもそも運動とは何か、静止とは何かという概念も変わるだろう。このように私たちが確信をもって知りうる「事実」は、環境のデザインと強く呼応しているのである。

さて、自然の摂理に起因する揺るぎない現実のはずの性差、性別も、デフォルトの環境デザインのもとでこそ可視的になり、「事実」化すると考えてみてはどうだろうか。宇宙に行くと素朴なインペトゥス（推進力）は姿を消すように、音声合成装置の利用でメール上で視覚障害が不可視になるように、ここではないどこか、例えば別の文化や過去や未来に行けば、性別という区別はなくなる可能性がある。例えばインターネット上のテキストを用いたやりとりを考えて欲しい。こうした物理的に姿かたちの見えない環境デザインでは、性別はそう簡単に分かるものではなくなる。あえて語尾を女ことばにするなどして示さなければ、知覚できない属性ですらある。このことは、私たちの生活において「性別などないんだ」ということとは異なる。正確には、性別はある特定の環境下でデザインされた結果立ち現れる事実だといえる。

性別のように、これこそナチュラルだ、生まれつきだ、自然に起源がある、神様がそうした……、と思えるものは、デフォルトの環境とのセットでそう見えるだけだと考えてみて欲しい。〝The personal is political.〟個人は政治的（＝交渉的）に作られている、というスローガンがある。これは〝The natural is political.〟自然は政治的に作られている、とも言いかえられるだろう。もっと価値中立的に換言すれば、〝The natural is socially designed.〟つまり自然であることとは社会的にデザインされている、と表することができるだろう。私たちの目にし、経験する「事実」は社会文化の反映である。ナチュラリゼーションという態度は、自然を過大視しすぎ、同時に人間の現実をデザインする力を過小に見積もりすぎている。

練習問題4：性別を不可視にする社会的条件をデザインしてください。性別を可視化する社会的条件をデザインしてください。

＊パーソナル・ビュー、または世界の姿のデザイン

また別の例を示そう。記憶とは何か。どのように観察されてきたのか。伝統的な記憶実験の想定する記憶は、心理学実験の文化的実践と人工物によって組織される秩序といってよい。それは私たちの日常の記憶を必ずしも代表していない。乱数列、無意味つづり、直後再生法、系列位置効果、ｅｔｃ……。こうした記憶実験における人工物が、その集団内で意味や価値を持つ認知的事実を構成しているといえる。そうして情報処理装置としての記憶が具体化され、対象化され、形づくられた。それは一定の容量と保持時間の限界を持った脆弱な記憶である。乱数や無意味な単語をひと時に頭に詰め込む実験が、そうした「弱々しい記憶」という事実を作っているといってよい。なぜなら私たちの暮らしの中で脆弱な記憶が問題になることはそれほど多くないからである。

自分たちの記憶が脆弱であることは、実験などしなくてもはなから百も承知であった。この脳みそで何千年も人間をやってきて、その性能ぐらい分かりすぎるほど分かっている。だから憶えにくいことを忘れてしまわないように、文字を開発し、楽譜を編み出し、書物を作り、フロッピー・図書館・インターネットを開発・整備してきた。それなのにかたくなに人工物以前の、昔ながらの脆弱な記憶を観察・記述しようとする、記憶実験の視点の設定がそもそも間違っていたのである。

実際の生きた記憶は社会文化的である。皮膚の内側の神秘的なメカニズムだけでは語り尽くせない。珈琲店や焼き肉屋の事例で見たように、仕事場での記憶は異なった組織化をされ、そしてまったく脆弱では

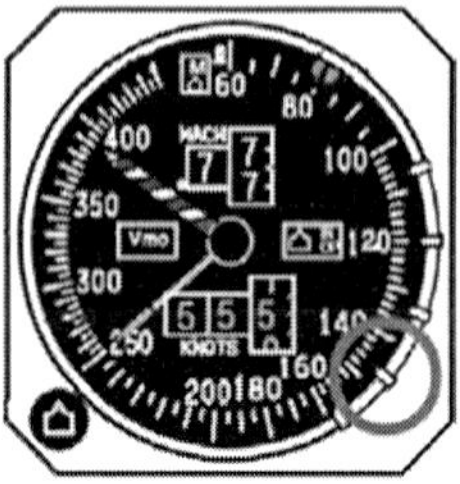

図23　スピード・バグ

ない。皮膚の内側の脆弱な記憶に頼っていては、仕事までが脆弱になってしまう。そしてそのことを他ならぬ誰よりも私たち自身が熟知している。だから人工物を用いて社会文化的・記憶サイボーグになったのだ。そして世界の見え方を違えてきた。

ハッチンス（一九九六）は旅客機のパイロットの記憶が何からできているか、ほんの小さな人工物による工夫を取り上げて説明している。パイロットは離陸時の機体の引き上げ速度など、荷物の重さや気象状況などいくつかの変数に応じて変化する複数の速度に関する値を記憶する必要があった（コンピュータのモニタだらけの「グラスコックピット」になる以前の調査である）。対気速度マーカー、略称「スピード・バグ」は飛行機の対気速度計（スピードメーター）の外周上にはめ込まれていて、ぐるりと手で動かすことのできる金属あるいはプラスチック製の小さな目印のことである（図23の丸囲み参照）。

この四つの小さな人工物は消えたり変わったりすることのない速度値を四つまで確実に速度計上に「記憶」する。パイロットたちは、いちいち必要な速度に関する情報を思い出しながら操縦しなくとも、速度計の値とスピード・バグを視覚的ににらんでいさえすればよい。この工夫が記憶という実践を変化させることになる。どちらのやり方でも結果として複数の速度値の記憶をしていることになるのだが、パイロット個人からの作業の見え、つまり「パーソナル・ビュー」は、スピード・バグ以前と以後では大きく異なる。ⓐ頭に記憶した既定数値を速度計の針の読み取り値と脳内で照合する作業、と、ⓑ針とバグを視覚的に見比べる作業、とはまったく違う作業である。この小さな工夫で、人間は自分の記憶の脆弱性を乗り越えた。そしてこの小道具を利用するものの世界の見えを新しくデザインしたのである。

練習問題5：パーティの買い出しを頼まれた。みんながいろいろなものを注文する。まったく手ぶらの場合、紙と鉛筆がある場合、何人かで買い出しに行く場合、ｅｔｃ……。さまざまな条件で、あなたにとってこの買い物課題の見えがどう変わるかイメージしてください。

「学習」ツアー

＊ 現実の再生産

身の回りの世界の意味や価値は抽象的な何ごとかではなく、具体的な目に見えるひとびとの営みによって維持されている。新しい秩序は歴史的に新しい人工物と新しい実践で維持されている。西阪は以下のように、秩序は抽象的な何ごとかではなく、それを維持する具体的なメカニズムであることを指摘する。

社会秩序は、相互行為内のふるまいが、さまざまなことがらを観察可能にしながら次々に接合されていく、そのしかたのうちにある。

（西阪、一九九七）

新しい秩序、新しい現実の見えは、世代を超えて遺伝するわけではない。例えば地球が丸いという認識はもちろん遺伝しない。それどころか、知覚上、大地はどう見ても平らな広がりにしか見えず、その素朴な見え方は原始人の時も今も変わりはしない。一週間が七日であること、日本の大きさや形・位置、ことば、花の名前、ｅｔｃ……、そういった知識はいっさい遺伝しない。つまり私たちは自分たちの努力でようやく手に入れた新しい現実を次の世代に引き継げない。

もちろん形ある人工物は継承していくことができる。だが例えば自転車という人工物を前の世代から引き継いだとして、それをどう使うかという知識はモノ自体に埋め込まれてはいない。自分たちの世代のたくわえを次世代に伝えるには、世界の見え方を伝承するための特別な実践が必要になる。そのことを私たちは「教育」と呼んでいる。自分たちの世代の世界の見えを次世代に伝え、この世界の見えを「再生産」するために、私たちは教えと学びという営みを必要とする。動物とは違う拡張された現実を生きる以上、動物とは異なる後天的な伝承のプロセスを種として必要とするのである。種の存続の基本条件として学習のプロセスを埋め込んだ存在が人間ということになる。なぜ学ばなければならないのか、子供や初心者は問うだろう。それは人間を維持するためである。

生まれながらに／仕方なく／やむをえず／あこがれて／胸ときめかして／いやいやに／他に何もなく／何も考えずに／頼み込んで／無理やりに／ずるずると／…、こうして私たちはいろいろなコミュニティに参加する。そしてほとんど例外なく、そのコミュニティの主要なメンバーになっていく。ほとんど例外なく、日本に生まれれば私たちは日本人になっていく。ほとんど例外なく、生まれもった性に特有の文化的実践を行使するようになる。日本人になる学校はなく、女や男になる学校はないが、ほとんど例外なく私たちは主要なメンバーになる。

文化的実践に参加することをレイブ&ウェンガー（一九九一）は学習だと考える。文化的実践の行使、認知的人工物の使用、それに伴う／それと相補的である社会秩序の共有、これらのことがらがコミュニティに参加することで私たちに起きることである。それは現実の意味や価値を分かち持つこと、共通の現実をもつこと、つまり共約可能性を確保することである。これだけ多くのメンバーがほとんど例外なく、美しいものを美しいと感じ、おいしいものをおいしいと感じ、「概念」ということばが概念という意味を伝えるように利用し合う。それは進行中の奇跡のようにも見える。参加することと学ぶこと、このことがこうした奇跡の具体的な仕組みである。その壮大な仕組みのほんの一部のサブセットが学校のような教育機関である。仕組みのほとんどは、私たちが暮らしていく、つまりデザインされた現実を生きていくそのこと自体に依拠している。

＊ ヒーローと悪漢

私たちが同じ現実を共有する奇跡に派手な秘密はない。一番地味な一番当たり前な、誰も気に掛けないどこにでもあるみんなの生活そのものが、特別な力をもっている。私たちが日々を暮らしていくそのこと自体が、次世代へと文化を継承するのである。子供は大人が、初心者は先達が、学習者は実践者が、どう世界を取り扱うかを見ている。かれらのふるまいが「さまざまなことがらを観察可能にしながら次々に接合されていく、そのしかた」（西阪、前掲）を見つめている。例えば、歯磨きをすること、どうやらそれが食事のあとや寝る前に行うことであり電車の中や食事中ではないこと、それが何かに拮抗する手段であること、そうしないことが良くないことであること、などは実践の中に埋め込まれ、初学者の眼前に当たり前の秩序として常に展開されている。当たり前の秩序を共有しないことは、そのことだけで目立つ。学校でも教科書でもない、当たり前の日々の営みこそが私たちの発達のゾーンなのである。

特別なヒーローは実践の手本のほんの一部にすぎない。ヒーローは技能の精度が高いだけで、市井のひとびととかけ離れた実践を行っているわけではない。逆に市井のひとびとの実践は程度が低かったり間違ったりしているのかというと、そんなことはない。日々の実践は常に実践のコミュニティの中で試されている。例えば電車の中で歯を磨いてみたら何が起きるか考えてみると、この文化的洗練のプロセスがよく理解されるだろう（実際最近の電車内での化粧をいさめる議論が記憶に新しい）。実践は思いつきや独創ではない。それは文化なのだ。そして生きて暮らしているそのこと自体が、その洗練のプロセスなのである。野球をしていれば野球の、ギターを弾いていればギターのコミュニティが私たちを教え導く。それは学校や教科書とは違うやりかたで私たちを教化する。アドバイスのような直接教授だけでなく、無視、無関心、議論、混乱、停止、失敗、ためいき、叱責などなどをもとに。

メディア経由で世界に触れると、私たちはヒーローと悪漢しかいない極端な世界を見ることになる。ニュースはヒーローと悪漢のオンパレードである。だが少数のヒーローが新しい世界を作るのではなく、少数の悪漢がこの世界を破壊できるわけでもない。現実を作っているのは多くの無名の実践者たちの日々の何でもない実践であり、現実を変えていくのもまた同じである。日本人がいつまでたっても日本人らしいのはこうした理由からである。誰もが日々そこここで「日本人」を実践しているからである。変わりつつあるとは言え、男がいつまでも男らしく、女がいつまでも女らしいのも同じことである。

こうして考えると日々の実践を当たり前に行うことが非常に重要な美徳であることに気づく。日本人らしさの手を抜けば日本人らしさは時を経て消えていくだろう。日本人らしさは遺伝ではなく後天的な実践なのだから。野球選手らしさ、船乗りらしさなども同じこと。人々の瞬間ごとの小さなふるまいは、文化的、歴史的に維持されてきた大きな秩序の構成要素となるのである。

例えば恋愛という秩序とは何か。そのことを考えるために、犬と恋愛したらどうなるか考えてみる。口やおしりの匂いを嗅がれて、あっと思ったら交尾が始まって、あれあれ、これは恋愛じゃないぞ、と思うはずである。ではそれが恋愛だと思えるのはどんな時なのか。犬式はもちろん違うし、「愛しさをうちあける」ことに「お金を渡す」行為を返しても恋愛の文化的実践を行使したことにはならない、つまり恋愛ではなくなる（ただしチョコレートを送る文化もあれば、和歌を詠み合う文化もあるのだからそういう文化もないとは言えない）。恋愛という社会秩序を共有するものと恋愛の文化的実践を重ねていく時だけ、その場は恋愛として認められるはずである。恋愛はこんなことでしか定義できない日常の実践である。その意味と価値はどこか生活と遊離した高みで定められているのではなく、ひとびとのその仕方の中にしかない。定義もルールブックもないが、ルール違反は明確に分かる、そういう類の実践なのである。同じことが例えば友情にも言える。授業、家族等も同じことである。授業だと思える文化的実践を行使し続けることが、授業である。つまり秩序とは日々の実践である。実践の動機は社会の中に埋め込まれている。

このガイデッド・ツアーの最後に難問を出そう。実践の動機が社会に埋め込まれているならば、では、私たちの主体性はどこにあるのか？

練習問題6：交通社会が人生なら車はひとである。車を動かすのは中で運転するひとである。ではひとを動かすのは何か？

こころのありか——中枢コントロールと世界コントロール

私たちは誰で、どんな原理にもとづいて行動しているのか、この問は人間のもっとも古い知的探求のひとつである。見知らぬ大陸や深海、宇宙といった外の世界の探索と同じかそれ以上の熱心さで、私たちは自らの内なる世界、こころの秘密を問うてきた。遠くプラトン、アリストテレスにさかのぼるこの問いは、日常生活の中で、学問の領域で、いく度となく問い直され、そして今もまた繰り返し問われ続けている。

近代の科学的思考は機械論的原理にもとづく説明を基礎に据える。人間の行動の原理をこのように機械論的に捉える考え方の始祖として名があがるのはデカルト（一五九六―一六五〇）を措いて他にはない。デカルトは思惟と延長、つまり精神と肉体を異なるカテゴリの実体として峻別し、現代の心理学の系譜につらなるいわゆる物心二元論を提唱した。デカルトから二〇〇年、十九世紀後半のドイツで実証的な経験科学としての心理学が成立し、行動の原理を精神と考える流儀が一般的となり、精神こそが私たちの行為をコントロールする中枢であるという考え方が、現代心理学の大前提となった。

一方、デカルトと同時代に、やや遅れて登場したスピノザ（一六三二―一六七七）は、同じく精神と肉体に関する考察を行いながら、現代心理学に十分な影響を与えているとはいえない（ヴィゴツキー、一九八四）。精神が肉体をコントロールする、いわば「中枢コントロール」説が支配的である心理学において、精神と肉体の不可分性・合一性を主張するスピノザは、主流にいるというよりは異端に位置する。

以下スピノザの世界観を概観してみたい。スピノザにとっての理論的大前提は、「汎神論」と呼ばれる独自の考え方である。この世の中で、何がどうしてどうなるかはすべて幾何学や運動力学のように必然的であるとスピノザは考える。この世の中のすべてであるこの必然性のカタマリを「神」と呼んでいる。「神」は世の中のすべてなので（それで汎神論と呼ばれる）、当然われわれ人間もその様態、実体の変状にすぎない。

さて、私たちは知的で複雑な作業をする。例えば神殿を建てる。スピノザの主張に従えば、それも実は必然的なのだという。私たちは「物理的な因果決定に従って群れ集いながら神殿を建て」（上野、二〇〇五）ているのだという。にもかかわらず精神は、自分で身体を動かして神殿を建てたのだと「表象」（頭の中で表現すること）する。つまり神殿建築のような複雑な作業は「自分を中心にした自分から発した行為として」（上野、同）表象されてしまう。実は精神は、「身体が身体だけで何ができるのか知らない」（スピノザ、一六七七）のである。なぜならいつもそうした身体に及ぶ「衝動」を、頭の中の（イマジネールな）自己意識に読み替えてしまうからである。

このように、行為の必然性・衝動性を自我の関与の結果と読み替えた（誤認した）際の現実の見えを、スピノザは「イマギナチオ（表象知）」と呼んでいる。スピノザは行為の衝動は必然性に起因するのであり、精神の自由な決意で行為すると信じているものは「目を開けながら夢を見ているのである」と結論づけている。これは、レールに沿って左に曲がっているのに自分の意志で左に曲がったと思っているようなことである。

このようにスピノザは世界を必然性のカタマリである「神」として設定する。スピノザは以下の通り神を定義する。「『神』とは、絶対に無限なる実有、言いかえればおのおのが永遠・無限なる本質を表現する無限に多くの属性から成り立っている実体、と解する」（『エチカ』定義六、上野、同）こうして世界自体の必然性を設定することで、人間の行為も必然であり、人間の自由意志がコントロールしているというのは誤認だと断定するのである。

スピノザの「神」や「必然性」の議論は、多くの独断にもとづく定義と公理から思弁的に証明されていることであり、実証科学の検証の対象となるような水準のものではない。しかしこの独断にもとづく議論は、人間科学の前提に関わるような、無視することのできない問題を内包する。なぜなら現代心理学も同様に、検証不能でそもそもあまり顧みられることのない独断をその前提に据えているからである。すなわち心理学は、人間を主体性のカタマリとして独断的に表現している。意図や自己や性格や気質や知識やスキルのカタマリとして、私たちが世界と対峙する物語をつづっている。つまり、皮膚の内側にある何ものかが私たちの行動をコントロールしている、とそう独断するのである。

人間の行為の原因を皮膚の内側にある主体性にもとづくものと記述する流儀を「中枢コントロール」説と呼べば、スピノザの必然性と衝動にもとづく行為の記述は、そのちょうど逆の説明と位置づけることができる。行為者の中枢ではなく、その外部が行為をコントロールするとしたら、それは「世界コントロール」説と呼ぶのがふさわしい。それは世界の必然性が、私たちを方向づけ、行為させていると考える流儀ということができる。

このようにスピノザの理論を捉え直すと、これはいわゆる社会文化的アプローチ研究にぴったりと添う。状況的学習論や活動理論では、私たちの主体性や自律性を、社会や文化の諸要素との相互作用のあらわれとして記述する流儀を採用するからである。主体性を行為者の皮膚の外側に拡張した記述を行うと、例えば記憶は行為者の脳の中だけで成立する行為ではなく、指に巻く糸やメモ、ケータイのメモリ、周りのひと、などの社会的文化的諸要素との間で関係的に成立しているといえる。

誰かの話を記憶する時私たちはメモを取る。遠い祖先にパピルスを戴くノートブックのような人工物の系譜は、私たちの記憶の様式に影響しているだけでなく、私たちの主体性そのものを形づくっている。ノートブックの類が登場しなかった世界ならば、記憶する際の行為は別にあっただろう。例えば歌うなどのように。覚えておきたい時にメモを取ること自体が、ノートブックという人工物が利用可能な世界によって私たちの行為がコントロールされている具体的な証拠である。ノートブックという人工物の存在は、私たちの書いて憶える行為の衝動の源である。だから私たちは歌って憶えたりはしないのである。

スピノザのイマギナチオの理論を上野の説明でもう一度おさらいしてみる。「われわれは心身並行体のいっさいのふるまいが生じてくる『衝動』を、それと知らずに自分の欲望や意志、そして『目的』に転倒させ、身体が諸々の身体たちと衝動のままに勝手にしていることを、イマジネールな『自我』を中心とした自己意識として生きる…」（上野、一九九八）つまり活動の動機はどこか皮膚の外にあるのに、自らの内なるものだと誤認しているというのである。

ノーマン（一九九一）は装置のデザインの文脈において、実際に行為者から見て課題が「どう見えるのか」という観点を「パーソナル・ビュー」ということばで概念化した。装置のインタフェースのあり方で、行為者から見た課題そのものの見えが変化するというわけである。前掲のスピード・バグはパイロットのあるふるまいを「衝動」化させる。つまりパイロットは必要な数値を自分の脳で記憶せず、スピード・バグに「記憶」させる。それは世界の必然性がすでにそう再デザインされているからである。それはパイロットの自由意志を超えている。サッチマン（一九八七）は、エージェンシー（行為主体性）を人間と非人間が関わる行為のネットワークの中で関係的にのみ存在するものと定式化している。またカロンは、ひとが何を求め、考え、感じるかといったエージェンシーのあり方すらも、「社会・技術的設定（socio-technical configuration）」に依拠すると主張した。例えば自動車のドライバーのエージェンシーはどこにあるのか。それはアクセルやブレーキ、速度計、ギアといった自動車の操作可能性との関係の中にある。「ぶっ飛ばそう」と思うのはアクセルがついているからである。「そこを左に曲がろう」と思うのはハンドルがついているからである。こうした欲望は私たちの内なるものでもなく自動車のものでもなく、そうした集合体の効果である。

以上の主張は、どれも行為をコントロールする仕組みの記述単位を、個人から社会文化へと拡張したものである。私たちの主体性、エージェンシーは、社会技術的設定と深く不可分に一体化しており、それはスピノザの言う衝動のように、私たちをしてある行為を衝動のままに勝手に志向させる。

人工物の開発で世界を人間にとって取り扱いやすくデザインするということは、何かの行為を便利にするというだけの話ではすまない。それは課題の見えを構成し、私たちの主体性を構成し、つまり衝動をデザインしているとも考えられる。

説明原理に神を据えるスピノザの理論は、こうして人工物と主体性の関連として読み解くことで、私たちの人間理解に今なお重大な示唆を与える。私たちは、身体訓練、人工物の開発、さまざまな術の編み出し、そうしたことで、対象世界を単純にする。高所に登る行為は、例えばエレベータのボタンを押す「衝動」に変容したのである。行為の衝動に従うだけで「神殿が建てられる」ように、私たちは道具や技術を編み出してきた。それが人間のしてきたことである。さまざまのテクノロジーは、理想的には、世界を単純にする役割を果たしている。世界を必然性のカタマリにまで矮小化し、限定された、必然性にそった行為の選択肢を与えるのである。舞い踊るように衝動に従って行為できるように工夫してきたのである。この衝動は、知性の不在を意味しない。知性をあらかじめ世界の側に埋め込んでおいたのだ。

神殿を建てる身体たちをデザインするには

ブルックスは〝Intelligence Without Reason〟(一九九一)の中で、中枢がコントロールする構造をあえて捨てることで、ロボットに実効性のある「知性」を与えられると主張し、実際に多くの自律的なロボットを生み出してきた。ブルックスによれば、コンピュータの構造が私たちの考案する思考のモデルに強く影響してきており、AI(人工知能)は例外なくいわゆるフォン・ノイマン型、つまり外界の情報を知覚し[入力]、外界の表象を作り推論し[処理]、行為に移る[出力]ように設計されてきたという。

だがブルックスは、こうしたフォン・ノイマン型の思考モデルは実際の生体システムの知性とはまったく異なると主張し、世界の知覚と行為を直結する、思考の外界構造依拠仮説(The Physical Grounding Hypothesis)を提唱している。ブルックスは単純なセンサーとモーターの連結だけで「見るからに」知的な行動を設計し、足下でごみを回収して回るロボットなどを具体例として開発した(その応用例が図24の民生用掃除ロボット)。

こうしたロボットは入力された外界の情報から地図を作ったり、推論したりする情報処理は行っていない。例えば椅子の脚をセンサーが知覚することとそれを避ける行為を単純にセットにしただけであるが、それだけでまるで昆虫のように(実際その動きからヒントを得たのだが)ある種の知性をもった自律性を示す。

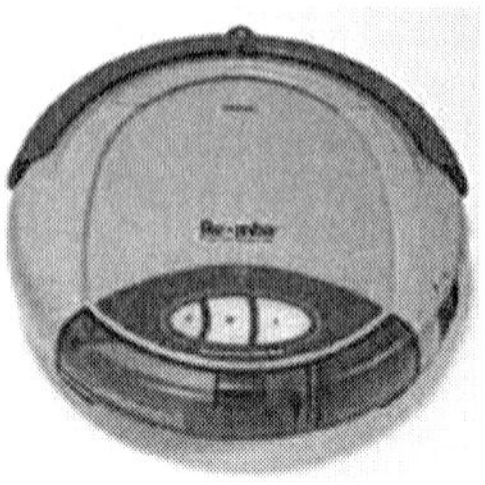

図24　iRobot社の掃除ロボット「ルンバ」（GFDL photo by Larry D. Moore）

その論文のタイトル〝Intelligence Without Reason〟が示すように、こうした水準の知性（intelligence）には推論・理性（reason）は不要であったということになる。ブルックスのロボットの知性は、外界の物理構造との相互作用によって成立するからである。

世界にコントロールされているということは、世界が完全だったら、主体性の悩みはないということである。動物の汗の匂いだけを知覚するダニにとって、世界は単純で完全無欠である。樹上で動物の発する匂いを待ち、動物が来たらめがけて落下すればよい。主体性の悩みは世界の作り込みが不十分だからだとも言える。もっと世界を社会文化的にデザインし、その秩序を変えてしまえばいい。ブルックスのロボットは、センサーとモーターでゴミを拾う行為に徹したおかげで、主体の悩みがない。複雑なコントロールを内蔵して、そのことで悩む必要がない。この主体性の悩みを知性の「フォン・ノイマン問題」と呼んでもいいだろう。

フォン・ノイマンは今のコンピュータ構造の始祖で、外部世界を、内部で表象し計算し行為する仕組みを考えた。その結果、コンピュータには世界を表象し尽くせない、という奇妙な問題に突き当たる。世界は複雑すぎて、世界を理解するには世界を丸ごと取り込まなくてはならなくなってしまった。ブルックスの考えた方法は、このまったく逆をいくものである。世界を理解するには、世界を単純にすればよい。ブルックスのロボットにとって、外部世界はロボットのセンサーとモーターによって知覚されるだけのものである。ユクスキュルのダニのように、世界はとても単純である。

ロボットでした

さて私たちの高次精神機能はどうなっているのか。これまで見てきたように、私たちの現実はそれほど複雑ではない。秩序立って意味や価値が知覚されている以上、私たちの相手にしているのは無秩序な複雑さではない。例えば音楽は捉えどころなく複雑な空気の振動の周波数の組み合わせではない。それは音階とリズム、楽器などの人工物でデザインされている。音楽の深奥さは、この単純化の先にある複雑さである。例えば自動車の運転はどうだろう？　初心者にはそれは確かに複雑である。だが相手にしているのはわけの分からない無秩序ではなく、人間の工夫で手なずけた秩序である。私たちは自動車という道具を動かしているだけではない。センターラインを守り、行先表示板を見すえ、道路標識や信号に従っている。またはカーナビゲーションの指示音声に従っている。だから私たちは自由だが無秩序ではない。それは世界が秩序だっているからであり、秩序だって思えるように人工物を工夫し、またその利用法を個々人が学習するからである。自動車教習所、免許証まで含んで、自動車の運転という行為は成立している。私たちの向き合っている世界は無秩序な混乱ではなく、人為的な秩序である。その点実は私たちもブルックスのロボットと同じなのだ。

TV番組でスポーツの達人たちの技をハイスピードカメラで分析している。かれらは明らかにセンサー－モーター系で反応している。かれらの反応時間の短さは大脳までの神経の往復時間を下回っている。かれらは世界を単純にするために、猛特訓をしているのだといってもよいだろう。主体性の悩みをなくし、イマジネールな自我をなくし、フォン・ノイマン問題を回避して、スポーツ世界を単純化するために。スポーツの達人たちは自分の中のセンサー－モーター系の事情にはアクセスできていない。身体は知っているがこころはその知り方を理解していない。もっと抽象度を上げたところでしか関知しえない。その抽象度を高めた知り方を「意識」「意図」「プラン」または「主体」と感じるのだろう。つまり人間にとっての世界、現実は実は社会文化的なナラティブ、物語である可能性がある。音楽が無秩序な音ではなく音楽という秩序であるのと同じ意味で、私たちにとっての現実は、秩序を当てはめられ理解され語られたものだと考えられる。

スピノザは問うた。「若干の真理に到達しているわれわれの精神のようなものがこの世に存在するには、世界はどうなっていなければならないのか」と。皮膚の内側ではなく、外側の工夫を問うたのである。スピノザは人間を「一定の法則に従って動き、ある種霊的自動機械のごときもの」だというのである。

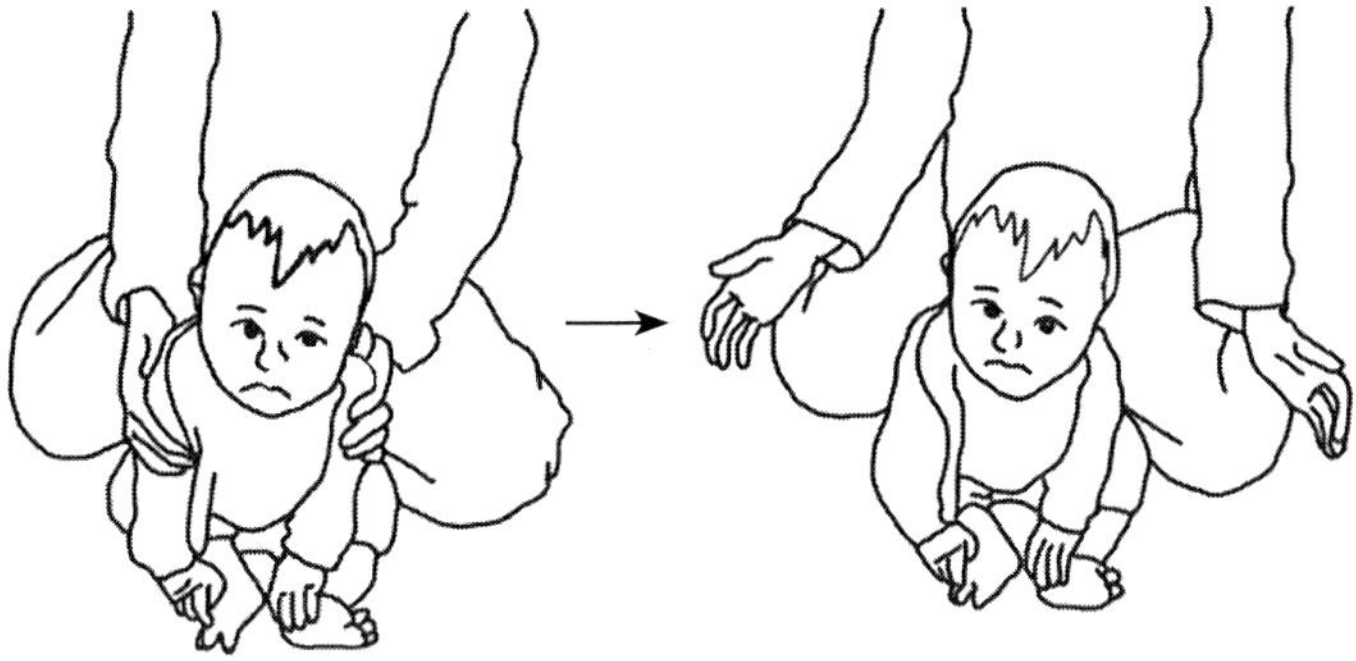

図 25　母親による見なし座位のアレンジ
(「動くあかちゃん事典 DVD-ROM Version1.0」(佐々木他、2006) よりイラスト化)

この世の中の保守点検員

主体性が皮膚の内側ではなく、外側との関連であることを次の例で示そう。

母親は赤ちゃんをクッションで囲んだり、膝の間で支えたりして（図25参照）、まだ独力ではできない座位の姿勢をとらせる（尾出・有元、二〇〇八）。母親は自身の身体にもたれかかった赤ちゃんの背中を両手で支えて起こし、体幹が前傾し、脚を投げ出し、膝を割り、両足首を寄せて、両手を両足の上に置いたテディベアを自立させたようなみなし座位姿勢にした（図左）。母親はこの状態を「お座り」と宣言し次に両手を離しひとりで「座る」に任せた（図右）。

いつか独力で座位がとれることを目指して、母親は赤ちゃんにさまざまな援助手段を用い、先取り的な「見なし座位」をとらせることをする。これはブルーナーら（一九七六）の言う「スキャフォールディング」（足場掛け）のひとつの例である。スキャフォールディングとは、学習者単独ではできない課題を、親や先生、仲間など、より能力のある他者が援助し、実行可能にする工夫のことである。このたとえに従えば、自己制御する自律した個人が「建物」で、その建物が自立して建ち上がるまでの援助・他者制御が建物を囲む「足場（スキャフォールディング）」である。したがって、学習が進むにつれ徐々に足場は取り外され、最後には完成した建物、つまり自己制御された自律的な主体が姿を現すことになる。

この発想では、個人の独力での能力はいったん棚上げされ、援助を含めた全体としての行為可能性が追求される。つまり、スキャフォールディングとは、個人の自律性・主体性を社会的に達成されるものと見なす思想である。これはより能力のある他者やさまざまの人工物の援助で、個人が独力ではできないことを行為可能にする、他者制御による自己（other-regulated self）の達成である。

放っておけば手足をばたばたさせごろごろと転がるといったように、赤ちゃんの自発的、可能的行為のレンジは広い。見なし座位場面では、母親はそのレンジを狭め、デザインされた自律性に収束させていた。場面を精査すると、そのための、することとしないこと、使うことと使わないこと、置くものと置かないもの、試すことと試さないこと、教えることと教えないこと、が見て取れた。ここで見られる赤ちゃんの自律性は赤ちゃんの皮膚の内側の抽象的な何かではなく、具体的にアレンジ可能なものであった。

自律性とは一般に自らの意志によって、自己制御的に行動するさまを指す。しかしこの自己制御性は生態学的な人間の姿を見ていく場合複雑である。社会的な生き物であり、協働を基本とし、文化的な道具を用いる私たちにとって、どこまでが自己制御でどこからが他者制御かの明確な境界は引きがたいからである。

ある人が憶えた手順通りに行為する場合、手順自体は内部にあっても、それは外部にあるのと同じように内部から参照されている。例えば今から4×7を計算してみて欲しい。たぶんほとんどのひとが「しちにじゅうはち」と頭の中で唱えたことだろう。これは計算といえるのだろうか？　もうあまり憶えていないと思うが、小学校二年生の時に私たちは九九表を暗記している。したがって九九とは計算ではなく、頭の中に取り込んだ表の参照である。こうした内なる外部を参照した行為を自己制御と呼ぶのかという問題が、私たちの自律性を考える際に立ち上がってくる。

制御を完全な他者制御から完全な自己制御までのレンジとして捉える。すると一方の極の完全な他者制御は、たとえればアヤツリ人形（puppet）である。皮膚の外にある制御装置であるカーナビゲーションの指示に従って知らない土地を運転する時、操られている気がすることもあるだろう。もう一方の極の完全な自己制御は、皮膚の外に制御装置がなく独力で行為している場合である。だがこの場合でもカラクリ人形（automaton）にすぎない場合もありうる。カラクリ人形は制御の位置が皮膚の内部だが、制御の成り立ちそのものはまったく外部である。お茶を運ぶカラクリ人形の動作は、実際の動作に先立ついつかどこかで、カラクリ人形師がゼンマイと歯車でプログラムしたのである。

アヤツリ人形とカラクリ人形の差異は制御の位置にすぎず、制御が個体の内部にある場合、その他律性は見えにくい。先に見てきたように、母親が手を離した赤ちゃんは、しばらくは独力で座位を保っている。この「独力」は社会文化的にアレンジされている。母親により座位が示され、試され、繰り返され、やがてそれは当たり前の姿勢に変化していく。スキャフォールディングとは、ただ教育技術であるにとどまらず、このような自己制御と他者制御の入り交じった生態学的な人間の姿を代表していると考えられる。それは独力であるということがきわめて社会文化的である、という人間性の基本条件に関わる構造を示していると考えられる。つまり人間にとってひとりでできる、ということには他者の集合的な工夫と努力が貢献しているということである。

世界の必然性を自分の自由意志と誤認することを、スピノザは「目を開けて見る夢」だと言った。では夢から覚めると何が見えるのか、そこには何があるのか？　残念ながら目を開けて見る夢から覚めても真実の世界はない。そこに目にするものがあるとすれば、それは意味をなさない混沌、無秩序そのものである。音楽になり損ねた音波の奔流、交通法規もセンターラインも信号も方向指示器もない交差点、文字のない世界、ことばのない風景、そんなものだろう。私たちは動物とは違い与えられた現実をそのまま生きてこなかった。世界を自分の好みに合わせてあつらえてきた。世界の見え方、つまり「目を開けて見る夢」をデザインしてきたのである。

文化とは現実の見え方のデザインであった。身体訓練、術の編み出し、人工物開発、そうしたことで世界を秩序立て、単純にし、対象化し、いちいち立ち止まって額をつき合わせ熟考しなくても、衝動のまま舞い踊りながら神殿が建てられるように工夫してきたのである。世界を必然性のカタマリに矮小化して、人間にとっての「活動の対象」の重なり合いへとデザインしたのである。それは安定しているとはいっても常に崩壊の可能性と背中合わせである。そのことは同時に再デザイン可能であるということでもある。そもそも不安定なものを安定させているわけである。グライダーの飛翔ではなく、ヘリコプターの空中浮遊のようなものだ。その運動を止めれば安定は崩れる。

何らかの運命で、私たちは動物たちのように安定した世界に住み損ねてしまった。だから毎日この世界をこつこつと維持していく仕事を、私たち一人ひとりが任されている。そして機会をとらえて再デザインする仕事もまた、私たちに任されているのである。

Re: DESIGNED REALITY XI

みんなだとできること

私たちの主体性、自由意志は、正確には主体的でも自由でもなく、かなりの部分を社会のデザイン「として」作り込んである。車両のハンドルを握るあなたは主体的で自由だが、実際は交通社会の中に作り込まれた環境の制約が、あなたをコントロールしている。交通社会の制約はあなたの外部である。あなたの外部があなたの内部と交渉してあなたは行為する。あなたの知覚も筋肉運動もそして動機さえも環境の制約下にある。道路の形や向き、センターラインを知覚せずに、そこを一定の広さの自由な挙動を許す「荒野」として運転するのはとても難しい（暴走族の「暴走」とはこういう制約からの自由さ故である）。

あなたの両目と、両腕の筋肉は、常に道路の形やセンターラインという社会のデザインと「共同作業」し続ける。あなたの右足の筋肉は速度制限とスピードメーターに制御されている。制限速度を超えるとアクセルの足をゆるめ、下回るとそっと踏み込み、交通社会との協働を続けている。全身の知覚系と運動系が緊密に連携し合い、交通法規やその具現である道路の形状や標識、信号といった社会のデザインとインタラクションしながら運転している。

そこは荒野ではない。主体性も自由意志も社会的にデザインされている。「社会のデザインとインタラクションしている個人」同士がまたインタラクションし合っているのが交通社会である。こんな風に世界に行為の制約を作り込み、世界の側からコントロールさせているのが、私たちの主体性であり自由意志だった。私たちはこうした主体性と自由意志ごしに見える「デザインされた現実（designed reality）」を生きていて、そして、そのことがまたひるがえって、私たちの主体性と自由意志を定めている。私たちの意図は、社会に動機づけられている。私たちの社会は、行為を動機づけるようにデザインされている。

しかし時として私たちは荒野に放り込まれる。そこは道路もセンターラインも法律もなく、行為の可能性しかない広がりだ。いつもおなじみのルーチン仕事の時とは違って、世界は私たちを十分にコントロールしてくれない。それは、世界のコントロールの比重が減り、主体性と自由意志の自由さの比重が増す時であり、初めての見知らぬ問いに向き合っていると感じる時である。誰も答えを知らず、どんな問いなのかも分からないような、変わり続ける新状況における即興的な問題解決。そういう十分にデザインされていない「裸のリアリティ（naked reality）」に放り込まれた時、どう行為するか。社会が動機づけてくれない時、自分の行為を動機づけるのは何か。本章では具体的に身体を動かすことを通して、この問いに取り組んでみよう。

行為の最小単位は個人の身体である。しかし身体は自分のものなのに十分に自由ではない。舞踊家の近藤良平氏は、自分の身体とこころへの気づき（アウェアネス）のためのワークショップを行っている。

筆者らは、二〇一三年七月二八日（日）の一二時から一五時にかけて、近藤氏とともに「行為の動機を行為する」というワークショップを開催した（主催：経営学習研究所、共催：北樹出版、協力：内田洋行教育総合研究所）。会場は内田洋行東京ユビキタス協創広場CANVAS地下一階。近藤氏のファシリテーションのもと、事前に応募の上集まった参加者とワークショップスタッフ総勢五六名で、身体を動かすワークを二時間行った。

ドキュメンタリスタ（Documentalista）の柴田あすか氏による当日のドキュメンタリをYoutubeにアップロードした。以下のワークショップの様子は、それを見てから読み進めてもらいたい（https://www.youtube.com/watch?v=Pgi3VJWSEnw）。

大学生や大学院生、一般企業に勤務する社会人、教育現場に身をおく人、公務員など、年齢も所属もさまざまなひとびとが、互いに名刺交換する時間も与えられずにワークに吸い込まれた。二者が声を出さずにタイミングをあわせてハイタッチをするものから、うつぶせで全身を波のようにくねらせる運動、また近藤氏が振りつけを手がけた「てっぱん体操」を参加者全員で踊るものまで、内容は多岐に渡った。これら全て、簡単だが少し努力がいる身体の動きだと考えてもらいたい。会場は常に笑いにつつまれ、また、参加者は高い動機とともにワークを行っているように見えた（写真参照）。

二時間のワークの後、近藤氏と筆者らで参加者を交えた鼎談の時間がとられた。そこではまず「『わたし』を、そして『あなた』を身体表現に向かわせたものは、いったい何か？」について問われた。もちろん参加者は、事前告知で身体を動かすワークショップであることを認識している。そのつもりできている。だが、個々人の内なる動機だけに還元することはできないと近藤氏は述べる。例えば参加者の一割がやる気がなかった場合。その場合はおそらく違うワークをしただろう、もしかしたらワークショップとして失敗していたかもしれないと近藤氏は言う。

近藤氏のワークショップの特徴は、二人組をつくり、その後三人以上の動きに拡張していく点にある。ひとりの教師が全員の動きをコントロールする型ではない。また、他者との会話を重視するがゆえ、鏡に向かって黙々と動くようなワークともほど遠い。ひとりだと、考えすぎてしまう。近藤氏は、二人組（またはそれ以上）になることで「いろんなことが勝手に行われて、巻き添えが生じ、お互いに責任がでてくる」と言う。個人内の強い動機とともにパフォームしたというよりも、ペアとなった他者やこのワークショップを構成する集団に支えられる動機が湧いたと考えたい。

（撮影：柴田あすか）

さて、学習に主眼をおいたワークショップでは、職場や学校など、自分の日常に活かせるような「お土産」を参加者それぞれが感じ取ってもらうことが目指される。では、このワークショップの「お土産」とは何だったのだろうか。それはまさに「自分の参加した経験」それ自体かもしれない。適切な支援のもとで、最適な場の力が形成されれば、ひとりではできなかったことができてしまうかもしれない。ただし、そのことが何かは事前には分からない。ここでの「お土産」は、明日からの生活に即効性のあるものではないかもしれない。むしろ、他者とともにパフォームすることで、それまでは想像もしていなかったことができてしまうということ、この確信を持ったことに価値を見出せるのかもしれない。挨拶もしてない、世代も異なる多様なひとたちとでも、独力ではなしえない経験を成し遂げられること、このことを信じるマインドこそが、近藤氏とのワークショップの根幹にあるのだろう。

ダンスの経験者も未経験者も、社会人も学生も、そこには誰も彼もがいて、それこそ本当に老若男女が集まったこのワークショップにおいて、ひとりひとりの動機は何に起因したのか考えてみたい。まったく見ず知らずの人たちと、見交わしたり、微笑みあったり、手をふれあったり、踊ったりできた、そのパフォーマンスの動機はどこにあったのか。そこは自分の暮らし慣れた「デザインされた現実」ではなかった。寄る辺無く落ち着かないフロアの広がりの上で、つまり行為の「荒野」において、なぜ私たちは普段しないような動きをしたり踊ったりできたのか。何が私たちを動機づけたのか。以下ではこのことを、「術」と「場」という二つの観点から検討してみたい。

まず感じた事は、身体を動かす事そのものの楽しさである。簡単だが少し努力がいるような身体の動きに取り組むことで、行為の動機がこころの真空の中に湧いてきた。近藤良平氏は著書『からだと心の対話術』（二〇一二）の中でこう表現する。

僕のワークショップでは、「動かしてから、ものを考えよう」という「感覚の違い」を試しています。

つまり、あまり考えないでからだを動かしているシチュエーションを多く作っているので、その場では自分がどんな感覚でからだを動かしているのかは、ほとんど理解出来ていない。だけど、後からその動きを振り返った時にこれまでにない動きができていたことに気がつくのです。（一三六頁）

さまざまの動き自体が私たち参加者に行為の動機を起こさせた。近藤氏のワークショップの引き出しから取り出されるいくつもの身体の動きは、私たちをして無心に取り組ませてしまう一種の「術」として捉えて良いだろう。それはコンパクトで、チャーミングで、誰でもちょっとがんばればできて、そのこと自体がおもしろい身体運動である。それらがやってみたいという気持ちを焚きつける。行為の動機は頭の中ではなく、行為の取り組みそのものの中にあった。このことを氏はこう言う。

僕は「内面に問う」なんて、どうでもいいことだと思っています。くよくよと考えて自分と対話をするよりも、「身体を調子に乗せる」ことのほうが、どんなに大切なことか。できないことでからだの動きを止めてしまうのではなく、出来る事を見つけて動かしたほうがいい（一三八頁）

次々に指示される「動き」それ自体が、行為の目的であり動機になっている。近藤氏の引き出しには人が動いてしまう術がたくさんつまっていた。参加者はその動きを参照しながら自分の身体を制御しようとする。観察し参照しただけでは難しい動きもある。そういう時には言葉でイメージが付け加えられた。うつぶせで全身を波のようにくねらせる運動は、訓練されていない身体にはとても難しい。身体のどの部分をどう動かしたら波のようにくねる事につながるのか、そもそもじぶんがどう動いているのかがさっぱり分からないのだ。この動きには「お腹の中の卵を口から吐き出す様に」というイメージが示される（この動きは是非映像で見て頂きたい）。

こうしたイメージも手がかりにし、ワークショップでは日常にはないさまざまな動きに取り組むことになる。そこでは、身近なはずの自分の身体が、いったん見知らぬ疎遠な対象になり、また一から制御し直すことになる。こんな風に身体を知り直し、向き合い直す事はとうてい独力では難しいし、その必要も機会もない。

あまりに身近なものを、いったんまるで見慣れぬものの様に知り直す事は、放っておいてはできない事だ。例えば、私たちが足下の大地の丸さを知り直すことになったのは一六世紀以降のことになる。自分たちの身体の当たり前を知り直そう、と口で言ってすぐできることではない。私たちを動機づけ動かしたのは、術としての動きそのものだった。

ここで術というのは、行為者の内部に取り込まれた外部の知恵や技術のことである。例えば腰痛持ちやダンサーは「頭の頂点から糸で吊るされている」ような姿勢を基準として意識することがある。歩いている時に、立っている時に、このことを「思い出して」曲がっていた姿勢を整える。この時筋肉に指示しているのは自分だが、その契機は、自分で自分の内部にある外部の知恵を思い出し、それを参照する事にある。「おっと、姿勢が悪くなっていた。頭から糸で吊るされているようにするんだったな」——こうして内部に取り込んだ「術」を参照し姿勢を改めている。

外から見ればそれは行為者個人の主体的な行為だが、その行為は内部にある外部に動機づけられたものである。いわば術にコントロールされたのだ。外から帰ったらうがいと手洗いをするのは何故か、自分に問うてみて欲しい。寝る前に甘いものを食べないようにするのは何故か？　それは道路やセンターラインが私たちの運転を制御するように、私たちの行為に作用する術の参照の結果である。

放っておいたらできないことと、放っておいたらしでかしてしまうことを、術は変えうる。個人の内側で参照されることによって個人を制御する。そのことで独力の自分を乗り越えられる。このワークショップから理解しうる大切なことは、適切な「術」で支援されることで、自分が独力で行う以上のことができるという事であった。自分は限界のある存在で、その限界すら独りでは気づくことが難しい。

人間は個体としては弱い動物だ。そのことを私たちは、知識と技能の社会歴史的蓄積で支援し、補っている。教育とは本来、私たちがこうした支援の手段を取り込む機会だったはずである。知識と技能を取り入れる事で、生活をより良くするのが目的だったはずだ。人間は術によって自他を支援する存在である。だから行為の動機のためには外部の術を取り込もう。

行為の動機のために、その一　術：参照すべき外部を内部に取り込み、行為の動機のために参照すること

行為の動機のもうひとつの原因は、術のように外部にあらかじめ準備できるものではない。ここで取り上げたいのは既に用意されたものではなく、その時にまさにそこにおいて生成されるもののことである。それは行為の起きる場、環境のことだ。

ヴィゴツキーは発達を二つの水準に分けた。ひとつはひとりでもできる水準、そしてもうひとつは大人や仲間に支援されるとできる水準である。後者の、支援されてできる範囲のことを、個人の発達のすぐ近い未来だと考え「発達の最近接領域（ゾーン）」と呼んだ。これは学力や知能の測定とはまるでちがう人間観にもとづいている。

学力や知能の背景には、能力を個人の属性として捉える人間観がある。しかしヴィゴツキーは、独力ではできないけれど、みんなと一緒だとできる事も能力と捉えたのである。彼の前提は、人間の能力には独力で発揮するものだけではなく、社会的に支援されて発揮される能力もあるということである。つまり能力というのは社会的に構成されるものということになる。

共同のなか、指導のもとでは、助けがあれば子どもはつねに自分一人でするときよりも多くの問題を、困難な問題を解くことができる（ヴィゴツキー、一九三四／二〇〇一）。

ヴィゴツキーは人間の能力を社会的な性格を持つものとして定式化した。社会的な支援の中での行為の可能性、つまり大人や教師、仲間といった他のみんなとならできることも含めて、その全体を個人の能力と捉えるのである。だから「みんなとならできること」を考慮しない、今・ひとりでできる能力だけの測定は誤りだと断じ、それは「子どもの強さにではなく弱さに目を向け」ているだけだと述べる。彼が価値づけるのは、独力の力ではなく、大人や仲間との協働の過程の中で発揮される子供の強さであった。「みんなだとできること」を、子供の能力のうちに含めたのである。

これまで本書で見て来た通り、行為の可能性は環境次第だ。「環境」と「能力」は互いに招き合い同時に成り立つ。ヴィゴツキー派の研究者であり演劇ワークショップなどの実践家であるホルツマンは、この関係を「発達環境と発達水準の同時生成」と呼ぶ。個人の能力は周囲の支援的環境とセットであり、周囲の支援的環境は個々の個人の能力に導かれる。このようにホルツマン流の「発達の最近接領域（ゾーン）」とは、個人の発達や能力が集合的に成立し、自分でありながらも同時に自分を越えた誰かになれるゾーンを意味する。

今回のワークショップにおいて私たちの動機を構成したのはこうした「場」だったように思える。それは「こういう方法で支援したら、結果としてこういう発達に至る」という、あらかじめ準備可能な「方法と結果のゾーン」ではない。このゾーンは、環境とそれぞれの参加者の動機が往還しつつ、その場で両者が同時に作られて行く場であった。

ワークショップのことを思い出して一番印象深いのは、そこが安心して挑戦できる場だったことである。そこは評価のない、ただ互いに互いを受け止めるような場だった。初めて会う同士が、ペアで、三人で、もっと大きなグループで、日常では決してしないような奇妙な動きや表現を行うのである。恥ずかしくて躊躇してすくんでしまっても無理はない状況なのだ。

その時の参加者たちのまなざしを思い出す。もっといろいろな要素が関わっていたのだろうが、特にまなざしに代表して思い出される。それは家族や親しい仲間が一緒に何かに取り組んでいる時の目だった。何かに一緒に挑戦し一緒に成し遂げようとする時の、こちらの取り組みのすべてを受け止めるまなざしだったのだ。受け止めず拒むまなざしもいくらでも経験することがある。疑ったり批判したり拒んだり距離をおくまなざしのことだ。学校において、そういう子供たちのまなざしをみるとがっかりする。みんなで一緒に成し遂げているのではなく、ばらばらに能力を示し合っているだけなら、そうなるだろう。そうではなくて、他者の働きかけを大事に受け止めるクラスや授業もある。それはその場が自己顕示のゲームではなく、皆の貢献があるから成立する、みんなで意味や価値を作り上げる場になっている場合だ。

物理的な環境はいくらでも準備可能だが、ばらばらの初めて合った人間たちが急に共同し皆で意味や価値を作って行くことはむずかしい。むずかしいが、私たち参加者はこのワークショップを経験したので、そうしたことが可能であることを知ってしまった。それは皆が貢献する事で独力以上のことができる環境だった。

「みんなだとできる場」の重要さに初めて気づいたのは、離島の中学生のロックバンドの練習を支援に行った時のことだった（有元ら、二〇一二）。島中の人が集まる卒業式に間に合わさなくてはならない。七人の中学生にとって初めてのギターやベースやドラムスであり、私たち四名の支援者はともかく曲を成立させるために足場掛け（本書二二三―二二四頁参照）を盛んに行っていた。撮影したビデオには、リードギターの隣で譜面の位置を指で追って行く支援者、ドラムスの横からスティックを叩いてテンポを出す支援者、ベースの隣でベースラインを歌う支援者、キーボードの運指を指差す支援者が映っている。誰もが夢中で、誰もがどうやってこのバンドをプレイさせるかの正解を知らなかった。

その時、「教え手」から「学び手」という知識の伝達の方向性は、たまたま学校がそういう構造になっているからそう見えるだけの社会的錯覚ではないかと思い至ったのだ。その場は誰かが教えている訳ではなく、みんなで作り上げている場面だった。教えると学ぶがひとつになった、みなで共同で達成していること自体を表す言葉が必要だと思い至ったのはこの場でのことだった。

ホルツマンはこのような取り組みを、演劇的な意味を含めて「パフォーミング」と呼び、そうしたことが起きる場を「パフォーミングの場（spaces for performance）」と呼んでいる。ヴィゴツキーは、子どもの発達のすぐ近い未来、つまり発達の最近接領域を創造するのは「アブゥチェーニエ（教授・学習）」の作用だと言う。コール（二〇〇九）によればこのロシア語の「アブゥチェーニエ（obuchenie）」は一つのことばで二つの側面を持ったプロセスを意味し、一つの側面はいわゆる「学習」のことを意味するが、もうひとつの側面は、学校の教師による環境の組織化、子供の経験の組織化のことであるという（同様の指摘は、土井、二〇〇九、西本、二〇一〇）。いずれも大人の支援の元で、自分でありながらも自分がなりつつあるものになれるような、発達のための環境の価値を強調している。

ここではより一般的に、みんながいることで何かが達成できることを「集合的達成（collective achievement）」と呼ぶことにする。この概念によって、学校の様に個人の能力に焦点化せず、実践の成立のために、参加者相互の言語活動や支援が自然と生起する場を表わそうと思う。それは誰にとっても時々刻々変化する新たなターゲットへの取り組みであり、独りでは太刀打ちできないことを「みんなで（——となら）できるようになる」集合的学習の場のことを意味する。

このワークショップで感じた安心感、受け止められているという感じは、独力でできる以上のことにみんなで取り組んでいる場に特有のものだったのではないだろうか。そこには権威も正解も無く、ただ共に取り組む事だけが価値だった。動機は個人の属性というよりこの場の属性であったと考えると、あの場の出来事がよく説明できるように思うのだ。

行為の動機のために、その二　場：自らの行為を支援するような、みんなだとできる場を自らも構成すること

実践の即興という荒野にあって、次の一挙手一投足が決めがたい時に頼りになるのは、ひとつには自分の身体とそれを支援する「術」である。そしてもうひとつは、一人だとできなくても、みんなとならできる「場」をそこに作ってしまう事である。適切な支援を、いまここで対峙する裸のリアリティに作り込んでしまうこと。そうして自分たちの可能性をデザインできたら素晴らしい。こうして捉え直すと、パフォームすることは、リアルタイムで・即興的で・衝動的で・でも集合的で・足場掛け（支援）に満ちて・学習の機会で・つまりその瞬間の為に文化歴史的なタネと仕掛けがたっぷりあることだと言える。

引用文献

新井周作・森下覚・岡部大介・有元典文. 2004.「文化的なオブジェクトとしての「童貞」」横浜国立大学大学院教育学研究科教育相談・支援総合センター編『横浜国立大学大学院教育学研究科 教育相談・支援総合センター紀要』4：69-88.

有元典文. 2005.「意味の交渉としてのフィールド」『日本認知科学会「教育環境のデザイン」研究分科会研究報告』12（1）：1-5.

有元典文. 2008.「認知科学と文化心理学」田島信元編『朝倉心理学講座11 文化心理学』pp. 165-185. 朝倉書店.

有元典文・森下覚. 2005.「学習環境のデザインがデザインしているもの」『日本認知科学会「教育環境のデザイン」研究分科会研究報告』11（1）：1-10.

有元典文・波多江一代・尾出由佳・大澤愛・新原将義・田中路. 2012.

「音楽教育の学習環境デザインを考える―中学生バンド，幼稚園コンサート，即興演奏教育の3事例から―」日本音楽教育学会『音楽教育学』42（2）：82.

Brooks, R. A. 1991. *Intelligence without reason*. Prepared for Computers and thought, JCAI-9: 1-27. (http://people.csail.mit.edu/brooks/papers/AIM-1293.pdf)

Callon, M. 2004. The role of hybrid communities and socio-technical arrangements in the participatory design. *Journal of the Center for Information Studies* 5: 3-10.（M. カロン.（川床靖子訳）2006.「参加型デザインにおけるハイブリッドな共同体と社会・技術的アレンジメントの役割」（上野直樹・土橋臣吾編）『科学技術実践のフィールドワーク－ハイブリッドのデザイン』せりか書房，pp.38-55.）

Clark, A. C. 1968. *2001: A Space Odyssey*. New American Library.（A. C. クラーク.（伊藤典夫訳）1993.『決定版2001年宇宙の旅』早川書房.）

Cole, M. 1996. *Cultural psychology: A once and future discipline*. Cambridge, Mass.; London, England: Belknap Press of Harvard University Press.（M. コール.（天野清訳）2002.『文化心理学―発達・認知・活動への文化・歴史的アプローチ―』新曜社.）

Cole, M. 2009. *The Perils of Translation: A First Step in Reconsidering Vygotsky's Theory of Development in Relation to Formal Education, Mind, Culture, and Activity, Volume 16, Issue 4.*

(http://lchc.ucsd.edu/mca/Journal/pdfs/16-4-cole.pdf)

土井捷三. 2009.「ヴィゴツキーの教授・学習論」『日本心理学会第73回大会発表資料』

Erikson, E. H. 1975. *Life history and the historical moment*. New York: Norton.

Gibson, J. J. 1979. *The ecological approach to visual perception*. Houghton Mifflin.（J. J. ギブソン.（古崎敬・古崎愛子・辻敬一郎・村瀬旻訳）1985.『生態学的視覚論』サイエンス社.）

Havighurst, R. J. 1953. *Human development and education*. New York: Longmans, Green.（R. J. ハヴィガースト.（荘司雅子訳）1958.『人間の発達課題と教育』牧書店.）

Holzman L. 2008. *Vygotsky at Work and Play*

Hutchins, E. and Klausen, T. 1996. Distributed cognition in an airline cockpit. In D. Middleton and Y. Engeström (eds.) *Communication and Cognition at Work*. Cambridge: Cambridge University Press. pp.15-34.

石田喜美・宮本千尋．2005.「コミュニティへの参加による「現実」の変容」『日本認知科学会「教育環境のデザイン」研究分科会研究報告』12（1）：6-18.

Jenkins, H. 1992. *Textual poachers: Television fans & participatory culture*. New York: Routledge.

Kaptelinin, V. 2005. The object of activity: Making sense of the sense-maker. *Mind, Culture, and Activity*. 12(1): 4-18.

近藤良平．2011.『からだと心の対話術』河出書房新社.

紅林裕子・有元典文．2006.「焼肉屋の人工物を介した能力の達成」横浜国立大学大学院教育学研究科教育相談・支援総合センター編『横浜国立大学教育相談・支援総合センター研究論集』6：99-123.

Lave, J. and Wenger, E. 1991. *Situated learning : Legitimate peripheral participation*. Cambridge University Press.（J. レイヴ・E. ウェンガー（佐伯胖訳）1993.『状況に埋め込まれた学習』産業図書.）

Leontev, A. N. 1978(Original work published in 1975). *Activity Consciousness, and Personality*. Englewood Cliffs, NJ: Prentice Hall.

Lewin, K. 1935. A dynamic theory of personality: selected papers.（K. レヴィン.（相良守次・小川隆訳）1957.『パーソナリティの力学説』岩波書店.）

Malinowski, B. 1922. *Argonauts of the western pacific: an account of native enterprise and adventure in the archipelagoes of Melanesian New Guinea*. London: Routledge & Kegan Paul.（B. マリノフスキー.（泉靖一編訳）1967.「西大西洋の遠洋航海者」『世界の名著（59）マリノフスキー／レヴィ＝ストロース』中央公論社.）

Marx ,K. (Mulligan, M. (trans.)) 1959. *Economic and Philosophic Manuscripts of 1844*. (Marxists Internet Archive: http://www.marxists.org/)（K. マルクス.（城塚登・田中吉六訳）1964.『経済学・哲学草稿』岩波書店.）

Marx, K. and Engels, F. (Lough, W. (trans.)) 1969. *Marx/Engels Selected Works, Volume One* (Written: by Marx in the Spring of 1845, but slightly edited by Engels; First Published: As an appendix to Ludwig Feuerbach and the End of Classical German Philosophy. in 1888). Progress Publishers, Moscow, USSR. pp.13-15. (Marxists Internet Archive: http://www.marxists.org/)

宮沢賢治．1924.『春と修羅』関根書店.

森重雄．1993.『モダンのアンスタンス―教育のアルケオロジー』ハーベスト社.

森下将伍．2008.「コーヒーショップにおける人工物に媒介された行為」『平成19年度横浜国立大学教育人間科学部卒業論文』

西本有逸．2010.「アブゥチェーニエにおける認識論と存在論の響き合い」『ヴィゴツキー学』別巻第1号：29－36.

西阪仰．1997.『相互行為分析という視点』金子書房.

Norman, D. A. 1988. *The design of everyday things* (Reprint. Originally published: *The psychology of everyday things*. New York: Basic Books, in 1988). New York: Doubleday.（D. A. ノーマン.（野島久雄訳）1990.『誰のためのデザイン?：認知科学者のデザイン原論』新曜社.）

Norman, D. A. 1991. Cognitive artifacts. In Carroll, J. M. (ed.) *Designing interaction: Psychology at the human-computer interface*. New York: Cambridge University Press. pp. 17-38.（D. A. ノーマン. 1992.（野島久雄訳）「認知的な人工物」（安西祐一郎ほか編）『認知科学ハンドブック』共立出版.）

尾出由佳・有元典文. 2008.「座位の発達—自律性の社会文化的アレンジメント—」『日本生態心理学会第２回大会発表論文集』pp. 15-16.

佐伯胖. 1983.『「わかる」ということの意味—学ぶ意欲の発見—』岩波書店.

佐々木他. 2006.『動くあかちゃん事典DVD-ROM Version1.0』

渋谷知美. 2003.『日本の童貞』文藝春秋.

篠宮亜紀. 1998.「二十分でわかる！コスプレの超常識」『私をコミケにつれてって巨大コミック同人誌マーケットのすべて』別冊宝島358. 宝島社.

Spinoza, B. 1677. *Ethica: ordine geometrico demonstrate.*

Suchman, L. A. 1987. *Plans and situated actions: the problem of human-machine communication*. New York :Cambridge University Press. (L. A. サッチマン.（佐伯 胖・水川喜文・上野直樹・鈴木栄幸訳）1999.『プランと状況的行為—人間 - 機械コミュニケーションの可能性』産業図書.）

宋 應 星. 1637.『天 工 開 物（Tiangong Kaiwu)』. (Sung Ying-Hsing. (E-tu Zen Sun and Shiou-chuan Sun(trans.)) 1966. *Chinese Technology in the Seventeenth Century: T'Ien-Kung K'Ai-Wu*. University Park: Pennsylvania State University Press.)

田島信元編. 2008.『文化心理学』朝倉書店.

上野修. 1998.「アルチュセールとスピノザ」『現代思想』26（15）: 213-221.

上野修. 2005.『スピノザの世界—神あるいは自然』講談社.

Uexküll, J. von. und Kriszat, G. 1934. *Streifzüge durch die Umwelten von Tieren und Menschen: Ein Bilderbuch unsichtbarer Welten*. Berlin: J. Springer.（ユクスキュル・クリサート.（日高敏隆訳）2005.『生物から見た世界』岩波書店.）

Vygotsky, L. S. (Hall, M. J. (trans.), Rieber, R. W. (ed.)) 1997. *The Collected Works of L. S. Vygotsky: Volume 4: The History of the development of higher mental functions*. New York: Plenum Press.

L. S. ヴィゴツキー. 1984. (Vygotsky, L. S. (Hall, M. J. (trans.), Rieber, R. W. (ed.)) 1999. The teaching about emotions : Historical-psychological studies. In *The Collected Works of L. S. Vygotsky: Volume 6: Scientific legacy*. New York: Plenum Press. pp. 69-235.)（L. S. ヴィゴツキー.（神谷栄司・伊藤美和子・西本有逸・土井捷三・竹内伸宜訳.）2006.『ヴィゴツキー著「最後の手稿」情動の理論：心身をめぐるデカルト、スピノザとの対話』三学出版.）

L. S. ヴィゴツキー（柴田義松訳）2001.『思考と言語』新読書社.

Wenger, E. 1998. *Communities of Practice: Learning, Meaning and Identity*. Cambridge University Press.

Wertsch, J. V. 1998. *Mind as action*. New York: Oxford University Press.（J. V. ワーチ.（佐藤公治・田島信元・黒須俊夫・石橋由美・上村佳世子訳）2002.『行為としての心』北大路書房.）

Wood, D., Bruner, J. and Ross, G. 1976. The role of tutoring in problem solving. *Journal of child psychology and psychiatry* 17: 89-100.

＊引用文献については邦訳があればそれを、なければ読みやすさの点から英語版を掲載した。またweb上で入手可能なものについてはURLを示した。

あとがき

私たちひとりひとりが、時間と空間を越えたひと・もの・ことの響き合いなのだと繰り返し描いた。自律した個人であるように見えながら、私たちはアンサンブルであると。この瞬間のこの身体のこのふるまいに、永い年月を経た人々の知恵が集積している。そしてこの知恵の集積が、賢者の言葉でもなく、教科書でもなく、ただ淡々と繰り返される私たちの日々の実践によって次代に伝えられていくことを強調した。教え、学び、日々の実践をおこなう人たちに、この当たり前のことを人間のすばらしい特徴として改めて示したかった。実践すること、参加することがすなわち学びであり、教えになっているのだということを。この一冊の本の中にも数え切れない声が交響している。多くの研究者の声と多くの実践者の声。私たち著者の内に集積したそれらを、自分たちの声音で語ることは面映ゆいことだ。未熟さと不勉強ゆえに、おずおずと口にした言葉は多い。ただ声に出して響かせれば、そこから対話が始まる。そのことになりより期待して、本書を知恵の響き合う実践の沃野に放つ。

本書は私たちがここ数年雑誌等に書いたものに大幅に修正し、ほとんどを新たに書き下ろしたものである。ケータイ、プリクラ、コスプレ、ヤオイ編を岡部が、それ以外を有元がおおむね担当しているが、原稿ファイルをメイルで何十往復もさせ、互いが互いの原稿にかなり手を入れ合ったため、もはや入り交じってどこが誰の担当とは分かちがたくなった。

北樹出版の福田千晶さんの、編集者としての限界を超えた辛抱強さには感謝しても感謝し尽くせない。ほめる、かまう、あきらめない、の三拍子揃った熟練教師のような手腕で、出来の悪い私たちから本書を絞り出してくださった。またいつも話し相手になってくれるゼミ生諸君にも、面と向かって言うことは決してないが、ここで感謝する。諸君との対話がなければ本書のほとんどのアイディアは浮かばなかった。そして自らの実践を語り、教え、また招いてくれた本書の登場人物とそのコミュニティの皆さんにとりわけ感謝する。皆さんの参加と実践の日々がいつも豊かでありますように。最後になったが、校正と引用文献の整理などを精密にこなしてくださった東京大学大学院教育学研究科の尾出由佳さん、学術書の限界を軽く超えた挿絵で、本書と本物のコミュニティとの間にチャネルを開いてくれた市川友美さんに感謝する。

有元　典文

二〇〇八年十月二四日多摩の自宅にて

増補版あとがき

Designed Realityから五年。共通の知り合いや伝手をふんだんに用いて実現した、舞踊家の近藤良平さんとの出会いによって、ぼくらの興味は、即興的でデザインされていない、裸の主体へと向かうことになった。池袋での近藤さんとの飲み会、横浜国立大学の講義「ノンバーバルコミュニケーション」の参与観察、経営学習研究所主催のイベント開催。Re : Designed Reality——みんなだとできることは、これらの場で近藤さんと繰り返してきた、真面目でかつ喜びに満ちた会話に動機づけられて構成された。編集者の職域を軽やかに超越した北樹出版の福田千晶さんとともに、踊り、舞い続けてきて本当によかった。

近藤さんとの対話は極めて豊かな経験だった。ただし、それを「ためになった」こととして振り返るだけでは、もしかしたら経験が矮小化されてしまうかもしれない。多様な人が集い、それぞれがそれぞれをいじり、はまっていく集合的経験の価値を信じること、またそれによって、昨日までは考えもしなかった議論に参加できる喜び。この喜びのために、場に巻き込まれ、他者を巻き込んでいきたいと思う。

二〇一三年八月十八日夏休みの大学にて、次のダンスを待ちながら

岡部　大介

事項索引

さ 行

た　行

な・は行

人 名 索 引

あ　行

か　行

さ　行

た・な行

は　行

ま　行

や・ら・わ行

[著者略歴]

有元典文（ありもと　のりふみ）

1964年生まれ。

横浜国立大学教育学部教授。専門は教育心理学・文化心理学。

著書に、『状況論的アプローチ2　認知的道具のデザイン』（共編著、金子書房、2001年）、『文化心理学』9章（田島信元編、朝倉書店、2008年）、『社会と文化の心理学　ヴィゴツキーに学ぶ』2章（茂呂雄二他編、世界思想社、2011年）、『状況と活動の心理学』（共編著、新曜社、2012年）『越境する対話と学び』（新曜社、2015）、『インプロをすべての教室へ』（新曜社、2016）、『学校インターンシップの科学』（ナカニシヤ出版、2016）など

岡部大介（おかべ　だいすけ）

1973年生まれ。

東京都市大学メディア情報学部教授。専門は認知科学。

著書に、『Personal, Portable, Pedestrian: Mobile Phones in Japanese Life』（共編著、MIT Press、2005年）、『ケータイのある風景　テクノロジーの日常化を考える』（共編著、北大路書房、2006年）、『Fandom Unbound: Otaku Culture in a Connected World』（共編著、Yale University Press、2012年）、『状況と活動の心理学』（共編著、新曜社、2012年）『オタク的想像力のリミット』（共編著、筑摩書房、2014年）『越境する対話と学び』（新曜社、2015）、『インプロをすべての教室へ』（新曜社、2016）など

【カバー・挿絵等協力】

市川友美・大石サオリ・松浦李恵・三原裕美子

上記の方々には、本書のデザインや挿絵、また、内容に関する打合せにおいて多大なるご協力をいただきました。深く感謝いたします。

【増補版】デザインド・リアリティ
――集合的達成の心理学

2008年12月1日　初版第1刷発行
2010年10月20日　初版第3刷発行
2013年10月15日　増補版第1刷発行
2019年9月15日　増補版第4刷発行

著者　有元典文
　　　岡部大介

発行者　木村慎也

・定価はカバーに表示

印刷　恵友社／製本　川島製本

発行所　株式会社　北樹出版

http://www.hokuju.jp

〒153-0061　東京都目黒区中目黒1-2-6　電話（03）3715-1525（代表）

ISBN978-4-7793-0391-3

（落丁・乱丁の場合はお取り替えします）